BIBLIOTECA AGRÍCOLA DE LA SECRETARÍA DE FOMENTO

CULTIVO

DE LA

CAÑA DE AZUCAR

POR

LUIS FERNANDEZ DEL CAMPO

Ingeniero agrónomo.

MÉXICO

OFICINA TIP. DE LA SECRETARÍA DE FOMENTO

Calle de San Andrés número 15. (Avenida Oriente 51.)

—

1901

AGRICULTURA.

Cultivo de la caña de azúcar.

CAPÍTULO I.

HISTORIA.

La caña de azúcar es una de las plantas que ha provocado mayores discusiones con motivo de su origen, pues mientras algunos escritores le asignan por única patria la región de la India situada más allá del Ganjes, otros quieren que sea originaria de las Islas de la Polinesia y, por último, hay quien pretenda que es planta propia de la América.

Como no intentamos hacer investigaciones encaminadas á aclarar este punto de controversia, pues nos faltan elementos para ello, y lo creemos de poco interés práctico, nos contentaremos solamente con hacer mención de las razones que cada partido aduce en favor de sus teorías, dejando al buen juicio del lector discernir sobre lo que crea más conveniente.

En primer lugar, haremos observar que la teoría más generalmente aceptada es la que afirma que la caña de

azúcar es originaria del Asia, y con más precisión de
la India, de donde irradió al Este, á China, las Islas
de la Sonda, etc., al Oeste á la Arabia, el Egipto, Mal-
ta, Chipre, etc.

Los que abogan que la caña es originaria de la Polinesia, que son los autores más modernos, tales como
Raoul, Sagot, etc., se fundan, según el primero de los
citados autores, en que la caña de azúcar cultivada en
todo el mundo es muy probable que proceda de las mon-
tañas y de las tierras bajas de las Islas Polinesias, vecinos de la zona tropical. El fundamento de esta teoría
está tomado de una pequeña Isla, dependencia política
de Tahití, situada en el Archipiélago de Tubuay; la
Isla en cuestión es la de Rucutú que recibe su nombre,
claramente Maón, de una variedad de caña que no existe en los Archipiélagos vecinos y que encontraron en
ella los Maoris, cuando habitaron dicha Isla, antes de-
sierta. Además dice Raoul que el *Saccharum Sponta-*
neum, Font. es sin disputa la planta de donde se ori-
ginan todas las variedades cultivadas y esta caña se
encuentra muy comunmente en Tahití, en las monta-
ñas. En esta región la caña se reproduce por medio de
semillas, como lo demuestran la inspección de la flecha
y la colocación de las cañas, que se presentan aisladas y
sin ninguna unión con la planta madre. [1]

Por último, los partidarios de la teoría que afirma
que la caña de azúcar es una planta indígena de América, se fundan en el testimonio de escritores y nave-
gantes de la época del descubrimiento y la conquista,

---

1 Sagot.—Manuel Pratique des Cultures Tropicales.

y que por creerlos de importancia, vamos á reproducir en seguida, pero haciendo antes una observación. Según el Barón de Humboldt, la caña de azúcar no es una planta de la América, pues ésta y el trigo eran completamente desconocidos de los habitantes del nuevo continente y de las Islas vecinas.

En contra de esta opinión que nos parece muy autorizada, hay otra de no menos valor y es la de Francisca Jiménez que asienta en su Historia Plantarum Nova Spania que la caña de azúcar crece espontáneamente en las riberas del Plata y allí adquiere un desarrollo notable.

En segundo lugar, el Padre Labat hace mención en su obra, publicada en 1742, del viajero Tomás Gajes, quien afirma que los indios de la Guadalupe le suministraron durante su viaje abundantes cañas.

El ministro calvinista Juan de Lery que salió en 1556 en busca del Comendador de Villegagnon y fué al fuerte Coligny, situado en una Isla del Río Janeiro, dice que encontró en varios sitios de las riberas de este río gran cantidad de cañas, siendo que aún no habían penetrado hasta allí los portugueses.

Juan de Leat también afirma haberla visto al estado silvestre en la Isla de San Vicente, y por último, el Padre Heinepen la vió, según dicen sus memorias, á orillas del río Mississipí.

Del conjunto de estos datos se desprende que la caña de azúcar puede muy bien ser orignaria de la América, aunque también puede suceder, que como afirma Moreaux Saint Mery, hubiera sido traída de la India ó de la Oceanía por expedicionarios precolombinos.

La opinión del citado autor merece ser conocida porque encierra algunos datos importantes, como se verá á continuación: "Los más antiguos escritores españoles que se han ocupado de la caña de azúcar del Nuevo Mundo, asientan que había sido llevada á él de las Islas Canarias á Santo Domingo, pero por otra parte se lee en la correspondencia de Cortés con Carlos V que la caña de azúcar y el arte de beneficiarla eran conocidos en México en la época de la Conquista.

Estos dos hechos contradictorios en apariencia parecen estar marcados sin embargo por igual grado de exactitud y servirán en caso necesario para explicar cómo el cultivo de la caña de azúcar ha venido á ser tan general y tan productivo en el clima de las Antitillas, cuya analogía con el de México es perfectamente conocida.

Es por consiguiente muy natural creer con unos que fué Cristóbal Colón el que, ignorando que la caña de azúcar existiera en el Nuevo Mundo, cuya existencia le había revelado su genio prodigioso, la haya colocado en su primer viaje, en el número de las que llevó en su buque, ó según otros, que fué un tal Aguillón, habitante de la Concepción de la Viga, en la Isla de Santo Domingo, el que introdujo la caña de azúcar en 1506.

El hecho de la existencia de esta planta en México anteriormente al descubrimiento de América, hace sin embargo cierta violencia á la opinión de los que creen que la naturaleza lo ha hecho crecer en Asia y solamente más allá del Ganjes. ¿Pero no será este un argumento de fuerza para los que piensan que lo que se

ha llamado el descubrimieuto de la América, no puede
ser reputado como tal más que para la Europa y que
esta parte inmensa del globo haya tenido anteriormente comunicaciones con el Asia, cuya existencia perdida
en la noche de los tiempos, parezca permitir y combatir todas las hipótesis?" [1]

Sin hacernos por completo solidarios de esta manera
de ver, bien pueden ser ciertas las teorías del sabio agricultor francés, tanto más si se tiene en cuenta que los
estudios etnográficos y filológicos modernos tienden á
demostrar que hay cierta relación entre los pueblos
asiáticos y americanos.

Sea de esto lo que fuere, lo cierto es que los españoles introdujeron el cultivo de la caña y los procedimientos para extraer de ella el azúcar. Vamos por consiguiente á hacer una sucinta relación de cómo llegó á
Europa el conocimiento de esta importante planta sacarina.

De las regiones de la India en que se encuentra la
caña al estado silvestre, pasó al Indostán de donde se
propagó fácilmente á la Arabia, Siria y Egipto. Una
vez en Egipto fué llevada á Sicilia por los sarracenos
en 1148, así como á Italia y á Provenza. Este hecho
está comprobado por la donación que en 1166 hizo Gui-
llermo II de Sicilia al convento de San Benito, que
consistió en un molino para caña con todos sus acceso-
rios y dependencias. Lafitau cree que la caña de azúcar
fué llevada á Sicilia y á Chipre por los cruzados, fun-
dándose en lo que dice el monje Alberto Alguensis,

1 Moreaux Saint-Mery.—Memoires d'Agriculture. Tomo I. 1800.

quien refiere que los soldados cristianos chupaban las cañas para calmar el hambre y la sed cuando se encontraban escasos de alimentos. Natural es creer que después de haber apreciado las magníficas cualidades de esta planta tuvieran el cuidado de llevarla á su patria, derramándola por todos los países que tenían que atravesar.

En cuanto á la introducción de tan preciosa planta en la Península Ibérica, no puede dudarse que fueron los Arabes los que la llevaron, pues Abu Zacharia, que escribió en el siglo XII una obra sobre Agricultura, habla extensamente de la caña de azúcar. Este cultivo estaba tan adelantado entre los moros, que cuando éstos fueron expulsados de España se dispuso que sólo quedaran en Motril aquellos que supiesen cultivar la caña y fabricar el azúcar para que no se perdiese tan importante industria.

Es al regente de Portugal, Don Enrique, al que se debe la introducción de la caña en las Islas Canarias en el siglo XV, á donde fué llevada, según unos autores de Sicilia, y según otros de España.

Por esta época las Islas Canarias suministraron á los cultivadores tan excelentes tierras y tan favorables condiciones que bien pronto se vieron cubiertas de extensos y florecientes cañaverales, que llegó á fabricarse de ellos la mayor parte del azúcar que se consumía en Europa.

Pasando ahora á la introducción de la caña en América, diremos que la primera noticia que se tiene á este respecto es lo asentado por Pedro Mártir en el Libro III de su Década, quien dice que el segundo viaje

de Colón, por los años de 1492 á 1495, el cultivo de la
caña de azúcar estaba muy desarrollado en Santo Domingo, lo que sin duda hace creer que el ilustre nave-
gante genovés la trajo entre otras producciones de España, durante su primer viaje ó que tal vez la tomó en
el alto que tuvo que hacer en las Canarias. Otra opinión
también admisible es la que asegura que la caña fué
llevada primero á las Islas Maderas, descubiertas en
1419, por el Infante Don Enrique de Portugal. De estas Islas pasó la caña á las Canarias y á la de Santo
Tomás. Según el autor de esta opinión, fué Pedro de
Arranza quien la llevó á Santo Domingo (Española)
en 1506, en donde se propagó muy fácilmente asegu-
rándose que con los productos del impuesto sobre el
azúcar se construyeron los magníficos Alcázares de
Madrid y de Toledo, durante el reinado de Carlos V.
El jugo fué extraído por primera vez en América por
Miguel Ballesteros y Gonzalo de Velaza fué el primero que obtuvo el azúcar en el Nuevo Mundo, siendo
estos tres, Arvanza, Ballesteros y Velaza los que pu-
sieron la base de la primera y más productiva industria de la América.

Concretándonos á México diremos, que á pesar de
que algunos historiadores aseguran que la caña de azúcar no fué introducida en nuestro país sino hasta el siglo XVII, es indudable que esta planta fué conocida
y explotada desde muchísimo antes, pues su primer
introductor fué el mismo Hernán Cortés, como lo demuestra Don Lúcas Alamán en su historia. Es un hecho bien sabido que Cortés estableció en el pueblo de
Coyoacán, situado á unos cuantos kilómetros de la Ca-

pital de la República un ingenio con semilla traída de la Isla de Cuba, y también estableció otra en San Andrés Tuxtla, en el actual Estado de Veracruz.

Del ingenio de Coyoacán sólo diremos que tal vez porque el clima no es nada propio para este cultivo, se vió Cortés en la necesidad de abandonarlo, y al establecer su residencia en Cuernavaca logró fundar otro ingenio que dió tan buenos resultados que en él se formó el pueblo de Tlaltenango; su hijo Don Martín lo abandonó porque la situación de los cañaverales en las lomas que forman el descenso del valle los exponían á frecuentes heladas y fué á establecerlo á la hacienda de Atlacomulco, que aún existe y que es propiedad del Sr. Marqués de Monteleone y Terranova, descendiente de Cortés, y cuyos productos son destinados por su dueño al sostenimiento del Hospital de Jesús de esta Capital.

Donde sí es cierto que la caña fué introducida hasta el siglo XVII es á la península de Yucatán, y nos fundamos para esto en que los historiadores anteriores á esta época no hacen mención de tan importante planta sacarina al hablar de los diversos cultivos de aquella región. Así, el Padre Cogolludo que escribió en 1655 ni siquiera cita á la caña de azúcar en su historia.

No está por demás que digamos algo respecto á la variedad de la caña á que nos venimos refiriendo, pues no todas las que hoy se cultivan en el país fueron conocidas en él al mismo tiempo. La variedad introducida por Cortés fué la *Asiática* llamada hoy Criolla.

La variedad descubierta por el capitán Cook en 1778 en las Islas de la Polinesia. llamada caña de *Otahatí,* fué llevada por Bougainville y Blaig á la Antígona, en las pequeñas Antillas de donde pasó á Jamaica y de aquí á la Habana. De la Isla de Cuba fué traída á México y á esto se debe el que nuestros agricultores la designen con el nombre de caña *Habanera.*

Otra de las variedades que se cultivan en el país es la caña de *Batavia ó morada*; fué descubierta por Humboldt y Bompland en uno de sus viajes á Batavia, en la Isla de Java. Esta variedad fué traída á las Islas antillanas en 1778 y pasó luego al continente.

Por último, la variedad llamada *veteada ó pinta*, fué traída de Jamaica y se la cultiva mucha en el Distrito de Río Verde, San Luis Potosí.

Tomando el hilo de nuestra narración, diremos que la caña de azúcar dió tan buenos resultados en los ingenios de Cuernavaca y Veracruz que bien pronto se despertó entre los españoles la moda ó mejor dicho el furor por el cultivo de la caña, que favorecido por la abundancia de brazos que le proporcionaba al propietario la esclavitud en que se vieron los indígenas, prosperó tanto que en pocos años alcanzaron las rentas del azúcar una suma fabulosa. Esto hizo que el Gobierno colonial fijara su atención en esta industria y favoreciese á los que á ella se dedicaran con la donación de terreno, y según un autor, de esta época datan los principales cañaverales de Veracruz, Jalisco, Morelos, etc.

CAPITULO II.

Descripción y clasificación.

.La caña de azúcar es una planta vivaz de la familia

de las *gramíneas*, de Jussieu, tribu de las *Andropogé-neas;* pertenece al género *Saccaríneas* de Kunth y fué clasificada por Linneo, en su sistema sexual, entre las *triandrias digíneas:* científicamente se llama *Saccharum officinarum.*

Esta importante planta, que suele alcanzar hasta 5 metros de altura, nace en un rizoma geniculado y fibro-so que parte de la periferia de los nudos y en el punto opuesto á la colocación de las yemas. Así, los nudos de la caña producen las raíces subterráneas de primer grado, que salen precisamente de los portadores de la yema en evolución, pero desaparecen para dejar su lu-gar á las raíces definitivas, que nacen de los nudos in-feriores de los nuevos tallos que se forman á expensas de la yema y de la raíz del nudo primitivo. En la pe-riferia del plano nodal de cada nuevo tallo y del lado opuesto á la axila se producen estos órganos con ma-yor ó menor profusión, según el estado de humedad y desmenuzamiento de la tierra.

En general las raíces son fibrosas y no alcanzan un diámetro muy considerable; se extienden en superficie de 0^m40 á 1 metro, y de profundidad de 0^m18 á 0^m20, pero como se comprende fácilmente esto varía mucho según las condiciones en que vegeta la planta.

El tallo de la caña es recto, cilíndrico, nace de la ye-ma ó mejor dicho está formado por el desarrollo de és-ta, pues en la yema se encuentran al estado rudimen-tario todos los órganos aéreos de la planta. Estos ta-llos están cubiertos por una epidermis de un color que según las variedades es blanco, verde, amarillo, viole-ta ó rayado. El tallo está dividido en partes llamadas cañutos ó entrenudos, por tabiques de separación formados por la prolongación de las fibras más externas entrelazadas en lacis. La longitud y el número de los cañutos es muy variable, así como su diámetro, y dependen de la mayor ó menor riqueza del terreno; el número de cañutos varía de cuarenta á cincuenta en una caña completamente madura y su diámetro puede ser de 0^m02 á 0^m04; la longitud de cada cañuto es de 0^m12 á 0^m18, aun cuando en algunas cañas que vegetan en terrenos muy pobres y secos sólo alcanzan de 0^m06 á 0^m07.

Cada uno de los nudos lleva una yema axilar que vulgarmente recibe el nombre de *grillo* ó *pitón* y que mientras la planta está en el período de crecimiento permanece en estado rudimentario, pero que después de cortada la caña y puestas las yemas en condiciones apropiadas para la germinación dan nacimiento á un nuevo individuo.

Al nivel de los nudos y en todo su contorno hay un rodete cubierto de pequeñas protuberancias bi ó triceriadas que corresponden á la zona de las raíces adventicias, que son las que le suministran el alimento á la yema durante su desarrollo y hasta el momento en que ésta puede tener vida independiente por la producción de sus propias raíces.

Cerca de los nudos y aun en todo el entrenudo se encuentra el tallo cubierto por una materia resinosa muy semejante á la cera de las abejas, llamada *cerosia*, que es blanquecina, soluble en el sulfuro de carbono y en el éter y á la que se le atribuye la fórmula: $C^{48} H^{48} O^2$. A esta materia debe la caña el brillo que suele presentar y que no existe cuando caen las hojas de la planta, sin duda porque la cerosia desaparece al contacto de los agentes atmosféricos.

Las hojas nacen de los nudos y son envainantes; caen á uno y otro lado del tallo, pues son alternas, á su punto de inserción corresponde una zona de pelos rígidos.

Tienen una estípula introfoliácea ó lígula entera y arqueada; el limbo, que suele alcanzar una longitud de un metro, es alargado y atenuado en el vértice, sus bordos son duros; cerrados, con una nervadura principal longitudinal y convexa hacia arriba, seguida de otras paralelas á la principal. Estas hojas están cubiertas de pelos caducos llamados ahuates que alcanzan algunas veces una longitud de 0^m004 á 0^m005, distribuídos principalmente en la línea media de la hoja y que cuando están secos molestan mucho á los trabajadores, pues se introducen en la epidermis produciendo una fuerte picazón. En algunas variedades de caña es tan abundante el ahuate que ha sido preciso abandonar su cultivo, pues los pelos penetran en los bronquios causando terribles afecciones. Tal suele suceder con la caña verde de Tahití.

Las yemas de la caña se desarrollan en la axila de las hojas, son escamosas con escamas imbricadas, cónicas en los dos tercios superiores y un poco aplastadas de adelante hacia atrás antes de que por su desarrollo alcancen una forma arredondeada; están colocadas en una depresión del tallo y su situación es axilar ó lateral. El papel de las yemas es tan importante que si por alguna circunstancia fortuita la yema terminal ó punto vegetativo viniera á destruirse ó detenerse en su crecimiento, inmediatamente las yemas superiores ó las inferiores se desarrollarían para asegurar la vitalidad de la planta y la propagación de la especie.

La inflorescencia de la caña consiste en racimos compuestos llevados por un vástago recto y vertical, desprovisto de nudos y que vulgarmente se llama flecha; es de forma piramidal, de color blanquecino ó gris y muy sedoso. Los racimos florales están cargados de verticilos irregulares de 6 á 8 ejes secundarios ramificados á su vez.

Las divisiones de las espigas son alargadas, flexibles, rectas ó arqueadas, uniformes y generalmente germinadas sobre sus ejes, de los que uno es sésil (sentado) y el otro stipil (estipitado), las bases de las espiguillas están rodeadas de una corona de largos y sedosos pelos. Cada espiguilla tiene dos flores, la inferior unipaleácea y neutra y la superior bipaleácea y hermafrodita. Todas las espiguillas tienen dos glumas membranáceas de forma lanceolado-oblonga, agudas, con tres nervios casi iguales entre sí, lampiñas y con ápice ciliado-escabiusculado.

Flores neutras.—En estas flores neutras la paja inferior es más pequeña que las glumas, de forma oblonga, aguda, con el dorso convexo frente á la gluma superior, membranácea y muy tenue y transparénte, sin ninguna nervadura, lampiña y ciliada hacia el ápice.

Flores hermafroditas.—La paja inferior es nula en estas flores y la testa de Bracou poco aparente y más pequeña que en las neutras, lanceolada, plana, con el ápice ciliado, membranácea, muy tenue y transparente. Tienen dos escamitas contiguas á las glumas supe-

riores, anchamente cuneiformes, el ápice es sinuado tri-
lobado, con lóbulos obtusos, los intermedios muy bre-
ves, lampiños, convexos, libres y un poco más pequeños que el ovario. Tres estambres, uno delante de la
gluma superior y los otros dos delante de las pajas;
anteras lineales, emarginadas, con la base bífida, lóbulos obtusos, biloculares y lampiños. Ovario cilindráseo
oblongo, lampiño y de la longitud de la paja superior.
Dos estilos, pero algunas veces, muy raras por cierto,
se encuentran tres, son lineales y aproximados, de la
longitud del ovario. El estigma es plumoso y de una
longitud igual á la del estilo; tiene pelos sencillos y está finamente denticulado.

El fruto de la caña de azúcar está formado por una
cariopsis lisa que contiene un albumen feculento y un
embrión lateral.

VARIEDADES.

Habiendo hecho ya el estudio botánico de la caña de
azúcar, creemos necesario dar á conocer antes de entrar
á su estudio fitotécnico las variedades que son más comunmente cultivadas en la República. Mr. Raoul en
su interesante Manual de Cultivos Tropicales hace un
estudio muy completo de las infinitas variedades de
caña de azúcar cultivadas en las diversas regiones del
globe; pues sería una labor muy difícil y hasta cierto
punto inútil para nosotros enumerarlas todas, pues la
mayor parte de ellas son completamente desconocidas
en el país, y su introducción, salvo algunas excepciones,
nos reportaría pocas ventajas, pues las variedades que
poseemos son bastante buenas, tanto por su completa

adaptación á nuestras condiciones de clima y de terreno cuanto por su riqueza en azúcar. Debido á esto sólo nos ocuparemos de las variedades más comunes en nuestros plantíos y para proceder con método las clasificaremos en tres grupos, á saber:

Primer grupo..... Cañas amarillas y verdes.
Segundo grupo.... Cañas rojas y violáceas.
Tercer grupo...... Cañas rayadas y veteadas.

Al primer grupo pertenecen las variedades llamadas criolla y cristalina; al segundo, la variedad violeta y al tercero, la listoneada.

Veamos los caracteres que sirven para distinguir unas de otras variedades y las ventajas é inconvenientes que al agricultor puedan traer al cultivo de cada una de ellas.

Primer grupo.—Caña criolla (Saccharum officinarum). Se cree generalmente que el origen de esta variedad es el Asia. Indudablemente la caña criolla es la más cultivada en la República; presenta el notable hecho de que habiendo sido cultivada sin interrupción en los mismos terrenos por más de doscientos años, no ha degenerado en lo más mínimo. No es muy gruesa, pero en cambio crece mucho, al grado de alcanzar algunas veces una altura de doce ó catorce pies. Para su completa madurez emplea de quince á diez y seis meses, pero entiéndase que hablamos de la madurez industrial que es muy distinta de la fisiológica, pues mientras que en ésta el tallo casi se enjuta y se pone seco, en aquélla por el contrario la caña está más que nunca impregnada de jugos.

Caña de azúcar.—2

Cuando está bien madura esta caña el tallo se pone muy pesado, toma un color amarillo pajizo y está muy propensa á quebrarse al menor choque. Es muy sensible á los cambios de temperatura, lo que unido á la facilidad con que se enferma, constituye su principal inconveniente, pues tanto el frío como el calor la perjudican notablemente. En recompensa de estas desventajas tiene la facilidad de producir un jugo muy abundante y rico que suministra un azúcar muy refinada.

Se cultiva principalmente esta variedad en los ingenios de Jalisco, Zacatecas, Michoacán, San Luis Potosí (Distrito de Río Verde), Sinaloa y parte del Estado de Tamaulipas.

Caña cristalina. (Saccharum lubridatium).

Esta variedad que se cree es originaria de Tahití, alcanza como la anterior una altura considerable, pues en las tierras calientes y fuertes se eleva hasta cinco metros, pero es mucho más gruesa que la criolla, alcanzando como término medio un diámetro de 0^m065.

El nombre de cristalina le viene por la apariencia que toma el tallo en la cercanía de los nudos; estos son verdes, pero debido á la capa de vellos blancos que los cubren toman un aspecto brillante y transparente. Las hojas de estas cañas alcanzan un desarrollo mayor que las otras variedades; son de un color verde subido. Si grandes son las ventajas que se obtienen por el gran desarrollo de estas cañas, también es cierto que adolecen del gran inconveniente de ser muy duras y necesitan un gasto mayor de fuerza para la extracción de su jugo.

Esta variedad presenta una resistencia mediana á los cambios bruscos de temperatura.

Según la opinón del Sr. Aniceto Ortega, esta variedad es sólo una hibridación de las variedades violeta y habanera.

De preferencia es cultivada la caña cristalina en los ingenios de Chiautla y Matamoros Izúcar, en el Estado de Puebla; en el de Morelos la hay en los de Yautepec, Tetecala y Jonacatepec; en Zacatecas la hay en Ojo Caliente y Tlaltenango; en el Estado de Campeche sólo se encuentra esta variedad en algunos ingenios de los Partidos de Hecelchacán y Bolonchen.

Segundo grupo.—Caña violeta. (Saccharum violacium). Originaria de Batavia; esta variedad fué introducida hace ya muchos años al país en donde se le conoce con el nombre de *caña habanera* por haber sido traída de los cañaverales de Cuba. Las hojas de esta caña son moradas y los tallos tienen la epidermis más ó menos violácea. Suele crecer mucho, pero tiene el inconveniente de unirse á una dureza suma, una tendencia muy marcada á secarse prontamente, dando por esta razón muy poco jugo. En cambio es más precoz que las anteriores y resiste muy bien al frío y á la seca.

Se la cultiva especialmente en las Huastecas veracruzana y potosina.

Tercer grupo.—Caña veteáda (Saccharum versicolor): Aunque algunos autores y entre ellos el Sr. Aznar Barbachano, creen que esta variedad es producida por hibridación de las cañas morada y habanera, el hecho no está comprobado plenamente como lo está para variedad cristalina según ya hemos dicho. Las cañas veteadas que hay en el país son de origen Jamaiquino y se consideran simplemente como una subvariedad de la violeta ó morada. Alcanza una altura de tres y medio metros, poco más ó menos, y presenta un aspecto notable por el color de su tallo que es listado de amarillo y rojo violáceo.

Esta variedad ha sido recientemente introducida en el Distrito de Río Verde, en donde está dando admirables resultados debido á su precocidad. Resiste admirablemente á la acción del frío.

Su cultivo extensivo ha alcanzado gran desarrollo en los Estados de Puebla y de Morelos.

CAPITULO III.

ESTRUCTURA Y COMPOSICIÓN DE LA CAÑA.

Para poderse dar cuenta exacta de las necesidades de una planta, es indispensable conocer detalladamente la estructura y composición de los tejidos que la forman y la composición química de los jugos que encierran, así como de los elementos de las celdillas que los contienen. Con objeto de llenar esta necesidad vamos á hacer un ligero estudio anatómico de la caña, valiéndonos del microscopio, ocupándonos después de su análisis químico para determinar la totalidad de los principios que la constituyen.

Anatomía de la caña.—Por medio de cortes hechos en un tallo, procedemos á estudiar, haciendo uso del microscopio, las siguientes cuestiones, que son de suma importancia:

1º ¿Cuál es la forma y composición orgánica de la caña?

2º ¿En qué lugar preciso del organismo de la planta se verifica la elaboración del azúcar?

3º ¿Qué cambios se verifican en la forma y composición de la caña durante los diversos períodos de su vegetación?

4º ¿Qué variaciones sufren los principios inmediatos?

Si hacemos en un tallo un corte perpendicular al eje en la época precisa de la madurez y llevamos este corte al microscopio, observamos lo siguiente de afuera hacia adentro.

1º Una capa superficial adherente á la cutícula epidérmica (G G). Esta capa está formada por la cerosia, que como ya dijimos, es una materia resinosa, blanquecina, soluble en el éter y en el sulfuro de carbono y que tiene por fórmula $C^{48} H^{48} O^2$.

2º Tenemos después la cutícula (h h) que nos presenta con innumerables salientes angulosas que corresponden á los puntos de unión de las celdillas epidérmicas.

3º Las paredes gruesas (j j) de las celdillas epidérmicas (i i). Entre las paredes de estas celdillas existen líneas de demarcación muy bien señaladas; sus cavidades están en comunicación por endósmosis á través de delgadas membranas y por canalículos transversales señalados en el espesor de las paredes delgadas.

4º El tejido celular (m m l l) de forma exagonal y de paredes delgadas.

5º Después encontramos otra capa de tejido celular pero cuyas paredes son más gruesas que las anteriores y están atravesadas por canalículos.

6º Por último, tenemos, paralelas á la superficie exterior dos hileras circulares de haces leñosos que rodean un espacio lleno de los diversos vasos que después describiremos. Estos haces, casi juntos en la primera hilera, están más separados en la segunda. Después se observan haces semejantes á los anteriores, pero gradualmente más y más ricos en haces leñosas y más distantes entre sí, separados por celdillas que van aumentando de tamaño hasta llegar al eje del tallo. Los tejidos que están comprendidos entre la epidermis y la última hilera de haces leñosos no encierran azúcar sino otras substancias, tales como celulosa, ácido péctico, pectina, etc.

Para determinar el lugar en que se encuentra el azúcar, hay que hacer una preparación microscópica muy delicada, que consiste en tomar una laminita de caña bien seca, ponerla sobre un porta–objeto y hacerla flotar en una gota de alcohol anhidro, que tiene la propropiedad de no disolver el azúcar cristalizable, lo que facilita la observación. De esta manera se logra ver los cristales de azúcar en todas las celdillas cilindróides de paredes delgadas que rodean á los numerosos haces de fibras leñosos, desde el eje hasta la última hilera de hacesvasculares y leñosos. Todas estas celdillas comunican entre sí por un gran número de pequeñas aberturas que atraviesan el doble espesor de sus paredes laterales; esas aberturas faltan en las dos bases del cilindro ó prisma hueco que forma cada celdilla sacarífera.

En las cañas maduras se observa que todos los tejidos sometidos á un lavado con agua y puestos en contacto con el iodo toman una coloración amarilla, que por medio del ácido sulfúrico se hace más intensa, debido á la desagregación de la celulosa. La cutícula toma un tinte anaranjado.

Cuando se quita por medio de una solución de sosa cáustica una parte de la materia azoada que impregna los pequeños vasos (c c) así como parte de la que inyecta las celdillas sacaríferas, se observan, bajo la doble influencia del iodo y del ácido sulfúrico, fenómenos muy curiosos. En primer lugar los vasos puntuados (c c) comienzan á desagregarse y ofrecen una ligera coloración azul; la parte interna de las celdillas del azúcar (e f), se esponjan pasando al estado de partículas amiláceas, estas partes se tiñen de azul más intenso. Los corpúculos azoados que se adhieren á esta capa interna toman una coloración anaranjada especial.

Las membranas externas de más antigua formación resisten á la desagregación, pero, sin embargo, se esponjan formando pliegues sinuosos y conservan la coloración amarillo—anaranjada. Cuando las cañas están poco desarrolladas la depuración de la celulosa de todos los tejidos es mucho más fácil y más rápida; bajo la acción del iodo y del ácido sulfúrico las celdillas del azúcar pasan del color amarillento al verde, después al violeta, se esponjan, se dislocan y terminan por desagregarse.

Cuando la observación se hace sobre tallos muy tiernos se encuentran con frecuencia entre los haces vasculares un gran número de tráqueas en hélice desarrollables, mientras que semejantes órganos no se encuentran entre los vasos de la caña madura.

Por último, en los tallos y las hojas de formación reciente se observan granos amiliáceos en gran cantidad y principalmente en el tejido sub—epidérmico de los tallos y en el tejido celular del azúcar al derredor de los haces vasculares. Las hojas tiernas presentan también secreciones amiláceas abundantes al derredor de los vasos de las nervaduras, en el tejido resistente que envuelve á estas nervaduras y se extienden de una á otra cara de la hoja.

Estas notables diferencias en la naturaleza y distribución de los principios inmediatos, parecen indicar que diferencias del mismo orden se manifestarán cuando se compare la composición inmediata de los tallos incompletamente desarrollados con la de los que se acercan á la madurez. Estas variaciones en la composición de las cañas en las diferentes épocas de su desarrollo dan la explicación de los resultados contradictorios obtenidos por diversos experimentadores; así, mientras que unos cuentan grandes proporciones de substancias amiláceas en el jugo de la caña, otros anuncian su completa ausencia. Fácilmente se comprende que el almidón se encuentra siempre que se exprima el jugo de las cañas que llevan retoños tiernos, mientras que los líquidos que provienen de las cañas maduras y sin retoños acusan la falta del almidón.

Esta causa es la que hace que en las cañas verdes se obtenga una mitad menos de azúcar que en las cañas maduras, presentando en cambio una proporción relativamente tres veces mayor de substancias orgánicas y sales. Además, esto explica la gran dificultad y aun la imposibilidad de extraer económicamente el azúcar de la caña en los países en donde por falta de una temperatura suficientemente elevada la caña no puede llegar á una completa madurez.

Los nudos de la caña están formados de un tejido

apretado, en el cual las fibras leñosas, de paredes muy gruesas, dominan; en ellos todas las celdillas presentan en su mayor espesor cavidades pequeñas y celdillas sacaríferas muy reducidas en tamaño y número. Se comprende que las cantidades de azúcar se encuentran reducidas en los nudos á más de la mitad de la de los entrenudos. Así, las soluciones que se extraen de los primeros contienen, con relación á la azúcar, más materias extrañas que las que se encuentran en el entrenudo, debido á que los líquidos poco ó nada azucarados y encerrados en tejidos desprovistos de celdillas, esencialmente sacaríferas, contienen la mayor parte de las substancias extrañas al azúcar y cuya presencia se revela por medio del análisis.

Composición química.—Como se comprende fácilmente por el estudio que acabamos de hacer, no es suficiente para el agricultor conocer la estructura y composición de los diversos órganos y tejidos de la caña, puesto que este conocimiento sólo le facilitará la clasificación y le dará los datos generales de las necesidades de la planta.

Ahora bien, como el objeto de toda empresa agrícola es producir la mayor cantidad de materia prima con el menor gasto posible, es indispensable conocer hasta en detalle la naturaleza y cantidad de los principios elementales de que se compone el vegetal, para que conociendo este dato y además la composición del terreno en que se siembra, nos pongamos en aptitud de poderle dar á la planta los elementos que le son indispensables para la mayor elaboración de azúcar.

Como en la generalidad de los casos no le es posible al agricultor ejecutar por sí mismo los análisis de que venimos hablando, vamos á presentar en seguida un estudio sobre la composición química de las diversas variedades de caña, tomado de diversos autores.

Desgraciadamente para nosotros, no podemos presentar estudios propios por falta de los elementos necesarios para análisis tan delicados como lo son todos aquellos en que intervienen substancias tan numerosas y en dosis tan pequeñas como variables.

Como para presentar un estudio lo más completo que nos fuera dado recurrimos á consultar á numerosos autores del país y del extranjero, nos hemos encontrado con que aún no se han hecho estudios químicos sobre las variedades de caña cultivadas en la República, por lo que nos contentaremos con citar solamente el resultado obtenido por químicos de reconocida habilidad en la materia, tales como Payen, Deiteil, Basset, etc.

Entre los análisis más conocidos de la caña de azúcar figura él del profesor Payen, que copiamos en seguida:

Caña de Otahití, ⅓ desarrollo. Caña madura.

Agua.	79,70	71.04
Azúcar	9.06	18.00
Celulosa, leñoso, etc.	7.03	9.56
Albúmina y materias azoadas	1.17	0.55
Cerosia, etc., y materias grasas	....	0.37
Almidón, etc.	1.09	....
Materias grasas y sales	....	1.95
Sales.	....	0.28
Sílice	....	0.20

En este análisis es de notarse que no hay explicación satisfactoria que resuelva por qué, el profesor Payen no encontró en las cañas del primer grupo la cerosia, así como tampoco sales ni sílice, ni la presencia del almidón, pues si bien es cierto que esta substancia disminuye considerablemente á medida que la planta crece, jamás llega á desaparecer por completo como parece indicarlo el anterior análisis.

El mismo notable químico analizó un tallo completo de caña, es decir, con todo y hojas, obteniendo el siguiente resultado:

Agua................	75.000	
Azúcar..............	15.000	
Leñoso.	9.445	
Azoe.................	0.090	
Potasa..............	0.085	
Acido fosfórico......	0.031	
Cal.	0.041	0.464 de materias minerales.
Magnesia............	0.043	
Sílice y diversos....	0.264	

En este análisis las hojas forman el 30 por ciento del peso de los tallos.

Nos parece muy importante este análisis, porque le permite al cultivador calcular la cantidad de ázoe, carbono y materias minerales que una cosecha le quita al terreno. Este dato es muy útil para asegurar el éxito de los abonos, como veremos al ocuparnos de la materia.

La mayor parte de los análisis de cañas adolecen del defecto de que siendo hechos sobre cañas escogidas en un campo muy extenso, no dan la riqueza industrial del producto y de aquí se deduce que si se compara el resultado práctico con el que se obtiene calculando por medio del análisis se notan diferencias que van más allá de toda previsión.

Uno de los pocos análisis que no adolecen de este defecto, es el de Vandesmet, que se refiere á la composición media de las cañas llevadas á la fábrica en las Antillas. Hélo aquí:

Agua	73.25
Leñoso	10.10
Azúcar cristalizable	15.43
Azúcar incristalizable	0.36
Materias orgánicas	0.51
Sales	0.35
	100.00

Densidad media .... 10°19 (B.)

No debe llamarnos la atención el que las cantidades encontradas para las diversas materias de este análisis no concuerden mucho con las de los anteriores, pues es bien sabido que en las Antillas casi nunca se deja adquirir á las cañas su completo desarrollo, pues el corte se hace de los doce á los quince meses.

En los análisis hechos por Avaquin encontramos lo siguiente:

Caña de Otahití (análisis centesimal).

Agua de vegetación	76.080
Azúcar cristalizable	10.120
Azúcar incristalizable Materia extractiva	4.160
Albúmina vegetal	0.046
Goma	0.081
Resina amarilla sólida	0.128
Clorofila	0.085
Al frente	90.700

Del frente.	90.700
Materia grasa	0.075
Estearina vegetal	....
Leñoso	8.857
Cloruro de potasio	0.042
Sulfatos, potasa	0.056
Alúmina	0.115
Sílice	0.145
Oxido de fierro	Trasas.
	99.990

Hacemos aquí la misma observación que para las cañas de las Antillas; el análisis de Avaquin se refiere á cañas de la Luisiana, cuya madurez orgánica casi nunca es completa.

Caña listada (Avaquin, análisis centesimal).

Agua de vegetación.	76.129
Azúcar cristalizable.	9.850
Azúcar incristalizable	} 3.542
Materia extractiva	
Albúmina vegetal	0.047
Goma.	0.080
Clorofila	} 0.092
Materia grasa	
Resina amarilla sólida	0.140
Estearina vegetal	0.080
Leñoso.	9.071
Cloruro de potasio.	0.048
Sulfatos { Potasa	0.062
{ Alúmina	0.098
Sílice	0.155
Oxido de fierro	0.005
	100.000

Como se desprende de lo anterior, la caña listada es menos rica en azúcar que la de Otahití y contiene mayor cantidad de glucosa.

Estos análisis ejecutados sobre cañas maduras dan

la riqueza en azúcar en el momento de conducirlas al trapiche, lo cual es una gran ventaja, pero no nos indica si se refiere á la composición de todas las porciones de la caña, por lo que los consideramos como análisis medios. Vamos ahora á ocuparnos de estudiar la composición de las diversas partes de la caña, es decir, de la porción media, y de las extremidades superior é inferior, para ver las variaciones en su riqueza sacarina.

Es un hecho bien sabido que la madurez de la caña se efectúa por los entrenudos inferiores, y que cuando no es completa, los superiores encierran menos azúcar cristalizable y mayor cantidad de glucosa; cuando la madurez es completa la riqueza sacarina es uniforme.

Reproducimos en seguida un análisis ejecutado sobre diversas partes de la caña y en distintas épocas de su crecimiento, para hacer más patente las diferencias que hemos señalado.

Análisis de las diversas partes de la caña según Mr. Boname:

		Densidad del jugo. B.	AZÚCAR.	GLUCOSA.	Materias azucaradas. Totales.
Cañas de planta incompletamente maduras y en plena vegetación. ...	1º Parte inferior.	9°0	13.74	1.78	15.52
	Parte media......	9.5	14.11	2.44	15.55
	Parte superior ...	8.2	8.85	4.11	12.96
	Punto blanco....	7.5	4.01	6.57	10.58
Segundos retoños, once meses, el tallo está dividido en tres partes. ...	2º Tercio inferior	......	16.20	0.94	17.14
	Tercio medio....	......	15.40	1.59	16.99
	Tercio superior..	......	13.60	1.75	15.35
Cuartos retoños en vegetación.........	3º Parte inferior.	......	19.44	0.37	19.87
	Parte superior...	......	16.52	0.78	17,30
	Punto blanco....	......	9.07	1.95	11.02

	Densidad del jugo. B.	AZÚCAR.	GLUCOSA.	Materias azucaradas Totales.
Primeros retoños, once meses, el tallo está dividido en cuatro partes iguales más el punto blanco..... 4.º Primer cuarto (inferior)....	11.1	20.73	0.37	21.10
Segundo cuarto..	11.1	20.41	0.52	20.93
Tercer cuarto. ...	10.7	19.44	0.52	19.93
Cuarto cuarto (superior)	10.4	17.82	0.71	18.53
Punto blanco. ...	9.2	14.90	1.15	16.05
Caña criolla, el tallo tiene un metro de longitud y 0ᵐ18 de circunferencia .... 5.º Tercio inferior	......	8.74	3.56	12.30
Tercio medio....	......	3.24	4.38	7.62
Tercio superior ..	......	1.62	4.56	6.18
Cañas de plantas bien maduras, catorce meses, el tallo está dividido en cuatro partes iguales .... 6.º Primer cuarto (inferior)...	12.3	22.68	0.51	23.19
Segundo cuarto..	12.3	22.68	0.52	23.20
Tercer cuarto. ...	12.3	22.68	0.52	23.20
Cuarto cuarto (superior)	12.0	22.03	0.53	22.56
Punto blanco....	10.0	16.84	0.70	17.54
A entrenudos que contienen...............	......	19.72	0.84	....
Corresponden nudos que contienen. ...	......	19.63	0.32	....

Todas estas indicaciones han sido tomadas sobre el guarapo mismo, tal como ha sido extraído de la caña por el trapiche.

Por su parte Delteil obtuvo los siguientes números en su estudio sobre la misma cuestión:

	Punto blanco.	PUNTO.	MEDIO.	BASE.
	0 m. 10	C m. 55	1 m. 10	0.55
Azúcar	3.80	13.37	18.09	18.59
Glucosa.........................	1.33	0.81	0.16	0.14
Agua...............................	84.05	76.89	70.40	68.92
Leñoso..	9.96	9.51	10.71	11.55
Materia orgánica...................	0.38	0.35	0.32	0.30
Sales...	0.48	0.47	0.30	0.50
Densidad del jugo (B.)...................	3°7	9°3	11°6	12°0

Por.último, creemos conveniente señalar una particularidad fácil de comprender, y es que cuando no pueden ser trabajadas las cañas inmediatamente después de cortadas pierden una parte de su peso, que puede calcularse en 1 á 1.70 por ciento en seis horas, y el azúcar cristalizable se transforma en glucosa. Las cañas cortadas transforman en seis horas el 30 por cinto de su peso de azúcar en glucosa, pero esta transformación no es proporcional al tiempo transcurrido y la proporción aumenta considerablemente al cabo de 36 horas.

Borrâme ha obtenido en sus investigaciones con objeto de aclarar este punto los siguiente resultados:

	Cañas frescas.	A las 24 horas de cortadas.
Grados del jugo (B.).......	9°50	11°10
Azúcar........................	16.50	16.50
Glucosa......................	0.94	4.05
Total de materias azucaradas.	17.44	20.55

Estas cifras fueron obtenidas de cañas extendidas sobre una gran superficie y no amontonadas. Como se ve, la densidad del jugo aumenta del 1º al 2º grupo un grado seis décimos y su riqueza en azúcar total de 17.44 á 20.55, pero sin hablar de la calidad, la relación de la glucosa al azúcar cristalizable pasó de 1°17 á 1°4.

Siendo la pérdida de peso de 19.60 por ciento la dosificación del azúcar de la caña cortada después de 48 horas, referida á la fresca será de 13.26 de azúcar cristalizable y de 3.26 de glucosa ó sea un total de 16.52.

Después de varios días del corte, el guarapo es absolutamente impropio para extraer de él el azúcar.

Composición mineral de la caña.—Sólo con el objeto
de no dejar incompleta esta parte de nuestro estudio,
vamos á reproducir en seguida algunos análisis sobre
la composición mineral de la caña de azúcar, pero nos
reservamos el completar nuestras indicaciones para
cuando tratemos con especialidad de los abonos. Entonces expondremos detalladamente esta cuestión al estudiar el importante asunto de la restitución, no lo hacemos en este momento con objeto de darle más homogeneidad á nuestro trabajo y sobre todo para hacer más
palpable la necesidad imperiosa de los abonos en todo
cultivo.

Se ha llegado á determinar que 1,000 kilogramos de
cañas contienen (á los 13 meses) 359 kilogramos de
hojas, por término medio, por consiguiente, una cosecha á los 13 meses representa 71.090 kilos de tallos
y 25.600 de hojas de donde se puede establecer que la
relación entre los tallos y las hojas, variable según el
tiempo de vegetación, será como sigue:

	11 meses.	12 meses.	13 meses.
Cañas.	56	62	73
Hojas.	44	33	27

Ahora bien, con este dato y los análisis que copiamos en seguida, será fácil calcular la cantidad total de
subtancias minerales contenidas en una caña completa.

Elementos minerales, sobre 100 partes de cenizas..

	Tallos.	Hojas.
Acido silícico	44.00	39.18
Idem fosfórico	11.76	6.61
Idem sulfúrico	8.05	5.29
Cloro	0.50	6.60
Cal	9.32	7.64
Magnesia	11.60	5.05
Potasa	13.04	27.58
Sosa	0.90	1.33
Oxido de hierro	0.83	0.72
Total	100.00	100.00

Elementos minerales de 1,000 kilogramos de caña.
(3 kgr. 500 gramos con 0.415 de ázoe.)

	Kilos.
Acido silícico	1.519
Idem fosfórico	0.429
Idem sulfúrico	0.285
Cloro	0.015
Cal	0.318
Magnesia	0.410
Potasa	0.461
Sosa	0.033
Oxido de hierro	0.030

Elementos minerales de 100 kilos de hojas.
(16 kilos 0.25 con 1.532 de ázoe.)

	Kilos.
Acido silícico	6.303
Idem fosfórico	1.053
Idem sulfúrico	0.842
Cloro.	1.055
Cal	1.055
Magnesia .	1.223
Potasa	0.819
Sosa.	4.411
Oxido de hierro	0.213

Por estos datos vemos la importancia que tiene para la Agricultura el análisis de las substancias minerales de las plantas, pues él los guiará para mantener su tierra, por medio de abonos apropiados y bien distribuídos, en un estado de fertilidad permanente, lo que le producirá como resultado la regularidad en los productos.

Como hemos tenido oportunidad de hacer notar varias veces á medida que la caña crece y madura su riqueza en azúcar cristalizable aumenta mientras que la incristalizable dismiuuye. Para hacer más palpable esta observación reproducimos en seguida un análisis hecho por Delteil sobre una misma variedad de caña en diversas faces de su vegetación:

Edad.	Azúcar cristalizable.	Azúcar incristalizable.
10 meses	11.21	3.01
13 ,,	12.44	2.55
15 ,,	15.15	1.05
16 ,,	16.25	0.36
18 ,,	20.65	0.22
20 ,,	21.03	0.02

Como vemos claramente por este cuadro el aumento de azúcar cristalizable es muy grande de los 10 á los 20 meses, pues casi se ha duplicado, mientras que la incristalizable se ha reducido á una fracción insignificante.

Más demostrativo que el anterior es el siguiente cuadro, sacado de las análisis de Ruff y Delteil.

COMPOSICION DE LA CAÑA EN DIVERSAS EPOCAS.

(CAÑAS Y HOJAS)

Números y cantidades referidas á una hectárea.

Fecha del análisis.	Edad en meses.	Tallo y hojas cosecha fresca.	Tallo y hojas cosecha seca.	Cenizas.	Azoe.	Acido fosfórico.	Acido sulfúrico.	Potasa.	Sosa.	Cal.	Magnesia.	Sílice.
	kilgr.	kilgr.	kilgr.	kilg.	kilgr.	kilgr.	kilgr.	kilg.	kilgr.	kilgr.	kilgr.	kilgr.
1877—Agosto.......	6	23.600	4.564	288.475	22.606	11.617	15.803	40.269	2.498	8.007	11.690	155.947
,, Septiembre.	7	49.999	8.256	403.267	39.789	17.094	16.576	49.773	9.705	26.750	17.370	188.395
,, Octubre......	8	82.162	11.879	498.053	42.611	30.674	20.974	88.547	8.897	29.331	27.595	224.772
,, Noviembre.	9	85.240	13.561	565.315	50.329	31.119	22.431	89.267	10.925	31.838	28.771	274.965
,, Diciembre..	10	91.920	18.260	704.067	61.859	43.903	24.557	109.108	23.968	52.387	29.369	360.955
1878—Enero......	11	85.920	20.854	645.868	67.731	41.794	21.794	80.113	15.284	65.473	37.809	328.789
,, Febrero......	12	73.280	18.500	523.455	61.865	41.098	16.074	69.471	9.944	37.058	28.973	260.524
,, Marzo........	13	88.720	19.904	525.997	44.567	32.498	19.369	70.188	7.870	42.539	30.839	235.964

Una última cuestión nos falta por tratar con relación á la composición general de la caña y es la siguiente: ¿La riqueza sacarina de la caña de planta es igual á la de los retoños? A primera vista y por las análisis que se han hecho con objeto de aclarar esta cuestión parece que son más ricas las cañas de planta, pero como dice Delteil, esta diferencia se debe únicamente á que los retoños más viejos den más jugos que las cañas nuevas y sus propios análisis lo conducen á afirmar que el guarapo de los retoños que han llegado á la madurez tienen la misma riqueza en azúcar que las cañas vírgenes.

Algunos admiten también que al partir de la época en que la caña florece, su riqueza en azúcar decrece notablemente. Boname combate enérgicamente esta preocupación y dada su autoridad en la materia, apoyada en sus análisis magistrales, debemos admitir que según que se analice la caña en su país originario ó en puntos ó terrenos en que madura muy rara vez en su grano, se encuentran notables diferencias. Asimismo en cañas no seminíferas, debido á la latitud ó á la altitud, la floración no determina la diminución del azúcar cristalizable y en estas regiones, si la estación de lluvias aún no se establece, se puede retardar el corte sin temor alguno.

No sucede lo mismo en los países muy húmedos en que la estación pluviosa amenaza ó simplemente en aquellos en que la semilla se forma bien, entonces hay pérdida en retardar mucho el corte como se ve claramente en el siguiente análisis:

Caña Otahiti.

	Azúcar cristalizable.	Azúcar incristalizable
Sin flecha	18.11	0.80
Con flecha	17.42	2.06

Caña de Caledonia.

Sin flecha	19.03	0.25
Con flecha	18.86	0.97

CAPÍTULO IV.

FUNCIONES FISIOLÓGICAS DE LA CAÑA.

La composición orgánica de todo sér vegetal ó animal es la reunión de todos aquellos elementos que contribuyen por su funcionamiento á asegurar la vitalidad del individuo. Por consiguiente, creemos de gran importancia para el agricultor el conocimiento perfecto de estos órganos así como su modo de funcionar, pues conociéndolos, procurará su desarrollo y facilitará sus funciones.

Sólo de esta manera le será posible establecer un cultivo verdaderamente científico que lo llevará á obtener el mayor rendimiento con el menor gasto posible.

Raíces de la caña.—Las raíces de la caña pueden dividirse para su estudio fisiológico en dos grupos: raíces provisionales y raíces definitivas. Las primeras nacen de los puntos blancos de la periferia nodal, y las segundas de los mismos puntos, pero en la base de las ramificaciones ó tallos de macollamiento.

En realidad las dos clases de raíces tienen el mismo origen y su sola diferencia consiste en que las primeras desaparecen en el momento en que la yema comienza á desarrollarse en un eje primario. Hacia esta época las yemas axilares de la base comienzan su evolución, y de ella emergen raíces que parten de los puntos periféricos, en la inserción de los fololios y en oposición con las yemas. Las raíces emitidas en esta época son las verdaderas ó definitivas, pues á diferencia de las primeras comunican directamente con el eje de la planta y se desarrollan con él participando de sus funciones.

Estas raíces reciben también la savia descendente, como los otros órganos en evolución, y crecen en proporción con el sistema aéreo.

Como este desarrollo hace inútiles á las raíces provisionales, que sólo dependen del nudo de la estaca que la produjo, no tardan en marchitarse y en desaparecer; sin embargo, algunas veces estas raíces persisten más ó menos tiempo, pero siempre las que se producen en el cuello de los retoños ó sea el nudo interior de las ramificaciones, son las únicas perennes que le suministran el alimento á la planta.

El crecimiento de estas raíces se produce por un punto muy cercano al vegetativo y la elongación es muy variable según las condiciones de la capa arable en que vegeta la planta.

Ahora bien, siendo las raíces los órganos esenciales para la absorción y la alimentación subterránea de la planta, el agricultor debe, por cuantos medios estén á su alcance, procurar que el desarrollo del sistema radicular sea abundante para que la planta pueda alcanzar una producción foliácea considerable capaz de elaborar pronto y de la manera más completa los materiales suministrados por el sistema absorbente.

Sólo á costa de repetidas y perfectas labores, así como de alimentos apropiados y suficiente humedad se logra alcanzar el cumplimiento de este precepto técnico. Para conseguirlo es necesario que desde el principio de la evolución hasta su completa terminación las raíces encuentren todos los elementos que le sean necesarios. Es tan patente esta necesidad que el más mínimo retardo en las labores y en la repartición de los abonos, así como su escasez, trae funestas consecuencias para el cultivador, pues disminuye notablemente la ramificación de los tallos y por consiguiente el rendimiento definitivo.

Hojas de la caña.—No menos importante que las de las raíces son las funciones fisiológicas de las hojas de la caña de azúcar. En todas las plantas, y principalmente en las gramíneas, el papel característico de las hojas es la transformación y la absorción, así como la propiedad de descomponer el ácido carbónico del aire para fijar el carbono. En la caña de azúcar, estas funciones son considerables en grado sumo, pues á ellas contribuye especialmente la organización de la hoja.

Vemos que la parte envainante de la hoja no es solamente un tabique preservador del tallo y sus anexos,

sino que sirve también de punto de soporte y resistencia para la hoja. La nervadura media es elástica y está destinada por su canal de encurvación á llevar hasta
la vaina el agua que recibe el limbo, también está destinada á darle solidez al limbo y permitirle todos los
movimientos causados por el viento sin que corra pe-
ligro de romperse. Así,·de la seguridad y crecimiento
de la hoja depende el del tallo.

Como se sabe, el desarrollo de las hojas de la caña
depende de los recursos alimenticios almacenados en
el suelo y también de la humedad, cuyo papel es tan
importante en la vegetación. Para comprender esto,
basta solamente fijarse en un cañaveral que parezca
haber recorrido todas las faces de su vegetación; si durante algunos días le cae una lluvia abundante, inmediatamente se observará una producción foliácea, vigorosa y numerosas ramificaciones se forman en la base
y en el vértice del tallo.

Estas ramificaciones dan nacimiento á nuevos tallos
que le comunican mayor vida al tallo principal ponién-
dolo en aptitud de recorrer un nuevo ciclo funcional.
Con frecuencia el punto vegetativo del eje primario
vuelve á su vitalidad y produce nuevas hojas con ten-
dencias á alargarse más y más. Este último hecho se
observa en las cañas que no han florecido todavía, porque en las que han producido la flecha, el punto vegetativo terminal ha dejado de existir fisiológicamen-
te; debido á esto, las cañas que han florecido se rami-
fican por las yemas situadas debajo del punto de mer-
ción de la flecha.

Comparado lo que hemos asentado respecto á la raíz

con lo que llevamos dicho de las hojas, éstas están en relación muy íntima con los órganos de absorción, á pesar de que el sistema foliar y el radical están situados en los extremos opuestos del tallo. De esto deducimos que todo defecto en cualquiera de estos dos sistemas influye directa é inmediatamente sobre el otro. Por lo tanto, si se desea producir la elongación del eje vegetal, es necesario procurar una abundante producción foliácea, puesto que la hoja es el laboratorio en que se efectúan las reducciones que dan nacimiento á los hidratos de carbono, y ellos fijan este principio bajo la forma de compuestos inmediatos particulares á la caña ó comunes á todos los otros vegetales.

Puesto que hemos dicho que existe una íntima relación entre las raíces y las hojas, debemos asentar como regla general que para que estos dos órganos importantes de la planta estén en armonía, es necesario poner á su alcance todos los elementos que le son necesarios para su completo desarrollo, tales como una buena aireación, insolación, labores repetidas y cuidadosas, abonos apropiados y agua suficiente.

Estudio de las yemas.—Es un hecho plenamente comprobado que en las condiciones actuales es imposible obtener la reproducción de la caña por medio de semillas. Estos órganos son reemplazados por las yemas axilares, que puestas en condiciones apropiadas para la germinación, evolucionan fácilmente. Debido á esto, es necesario considerar las yemas como único punto de partida de la industria azucarera con la caña, y por consiguiente merece muy especial estudio el órgano de que nos ocupamos.

Si observamos detenidamente una yema en vía de desarrollo y se hace el estudio anatómico de ella, cuando la planta ha producido sus primeras hojas, se ve que estos órganos están insertados en una membrana alterna de cada lado del cuello, con una regularidad matemática aunque sean envainantes de la base sin unión de los bordes del limbo. Dividido el tallito por un plano vertical que pase por la nervadura media se observa, sobre la línea externa de la sección, rudimentos de yemas alternadas, pero de tal manera próximas que parecen emergir de los lados opuestos de un mismo plano transversal. La distancia que los separa es muy pequeña, pero, sin embargo, existen tantos planos de separación como foliolos y yemas.

Si la planta encuentra en el suelo una alimentación abundante y favorable á su crecimiento, estas yemas microscópicas se desarrollan á partir del plano radicular y se producen nuevos tallos que no son sino verdaderas ramas ó ramificaciones del cuello.

Por esto es un error ver en la producción de macollos de la caña como en la del trigo y las otras gramíneas algo que no sea un fenómeno de ramificación y es en este hecho fisiológico en el que debe buscarse la causa y la explicación de la producción de los retoños de la caña.

Como siempre es indispensable buscar en todas las observaciones técnicas el lado práctico que de ellas se deriva, es necesario darse cuenta exacta de las necesidades de la planta joven para suministrarle abonos abundantes y activos, con objeto de favorecer la eclosión de las yemas y la multiplicación del número de

tallos que deben emergir de una yema primaria única.

De esto se deduce cuán racional es la práctica que consiste en poner abonos mezclados con tierra fina en el hoyo donde se hace la plantación, puesto que el número de tallos en cada cepa está íntimamente relacionado con esta ramificación que no puede producir regularmente y con ventaja sino en la primera época de la vida de la planta. En efecto, cuando la yema principal ha emitido numerosas raíces que exigen por su rápido desarrollo un máximum de materias alimenticias, se concibe que las yemas secundarias sólo aprovecharán para su crecimiento aquellas materias que la primera no utiliza. Sin embargo, alguna ó algunas de estas yemas se desarrollan más ó menos pronto, pero la mayor parte muere ó quedan en un estado de inactividad que retarda mucho el momento de su germinación.

De esto resulta necesariamente un retardo notable con relación á la época de la madurez orgánica y las yemas de primera emergencia habrán recorrido todas las fases de la vida vegetal, antes de que las otras estén completamente desarrolladas.

Estudio de la flor.—Como sabemos, la caña florece, pero el embrión ovular contenido en el ovario de la flor hermafrodita generalmente no se desarrolla. Este hecho ha sido muy discutido, pero nos fundamos para asentarlo como cierto en los estudios recientes que sobre el particular han hecho autores de nota, tales como Basset, Ravul y otros.

En virtud de la circunstancia que hemos señalado no es posible obtener la reproducción de la caña por medio de semillas, y se recurre al procedimiento, por demás imperfecto, de la reproducción por estacas.

Descendiendo al fondo de la cuestión sobre la esterilidad de las semillas de la caña, vemos en primer lugar, que flor hermafrodita es completa y no le falta ningún órgano esencial para el ejercicio de sus funciones; así, vemos que tiene un órgano hembra, ovariano, tan bien desarrollado como en muchas otras gramíneas de semillas fecundables. De la misma manera el órgano fecundador ó macho está perfectamente constituído; los estambres biloculares encierran polen.

En vista de esto, es naturàl investigar la razón por la cual la fecundación no se verifica; el hecho es éste: el óvulo por fecundar existe, el polen fecundante existe también, los órganos están perfectamente constituídos y sin embargo la fecundación no se verifica.

Como se ve, la naturaleza ha hecho todo lo necesario para que la caña de azúcar sea una productora de granos. Dos hechos hacen vacilar la teoría de los que afirman rotundamente que la caña no es una planta de grano. El primero es el dicho de autoridades en la materia que afirman la existencia de los granos en la caña, no sin reconocer lo raro que es la fecundación; en segundo lugar, la variedad de cañas conocidas actualmente son muy numerosas y es un hecho plenamente demostrado que la reproducción por estacas no es apta para producir ó crear nuevas variedades, ninguna variación sensible ni duradera es posible; los individuos obtenidos por medio de estacas sólo son la repetición del individuo que les da origen y no da lugar más que á la reproducción servil y exacta de sus buenas ó malas

cualidades. De este hecho fisiológico se deduce riguro-
samente que no son las estacas las que han dado nacimiento á las variedades conocidas y estas variedades
han tenido forzosamente que provenir de semillas fe-
cundas. Ahora bien, puesto que por las consideraciones anteriores hemos venido á reducir la cuestión de
la infertilidad de la caña á una cuestión puramente
fisiológica, completamente independiente de la composición orgánica, que ya vimos es perfecta. ¿Cuál es la
causa que determina el aborto de las semillas de la caña? Indudablemente el origen del mal está en la influencia que sobre la planta tiene el período de vegetación, relativa al lapso de tiempo que media entre la
plantación y la aparición del racimo floral.

La caña de azúcar es un vegetal vivaz cuya mayor
vitalidad sólo se manifiesta en los terrenos muy húmedos y fértiles y por consiguiente es muy raro encontrar
en nuestros plantíos tallos ó retoños que hayan recorrido todas las fases de la vida orgánica. Se sabe además que la duración de la vegetación se prolonga mucho en las tierras fértiles y húmedas y que á menudo
basta una ligera lluvia para retardar lo que se ha con-
venido en llamar la madurez de la caña.

También se ha observado que los renuevos, es decir,
las cañas de segunda y tercera vegetación, tienen mayor tendencia á florecer que las cañas de planta. La
razón práctica de este hecho no ha sido investigada
hasta hoy, y sin embargo las plantas poco vigorosas que
han recorrido con más rapidez su período vegetativo
tienen mayor tendencia á florecer que los individuos
de la misma especie vigorosos y robustos, los cuales

continúan la produccion foliácea y su crecimiento hasta su término normal.

Con frecuencia se observa en las plantas poca robustas y cubiertas de flores el aborto de un gran número de granos, mientras que en los individuos bien conformados y sanos la floración tarda hasta su límite natural, presenta rara vez este fenómeno, debido á la debilidad orgánica más que á cualquiera otra causa.

Verdaderamente llama la atención que una planta perenne ó por lo menos muy vivaz y llamada á vivir durante muchos años en condiciones naturales á su especie, pueda estar condenada á una diminución notable en su período de existencia, sin que resulten perturbaciones en muchas de sus funciones.

Como el estudio que estamos haciendo es puramente técnico, se nos permitirá entrar eu algunas consideraciones más sobre esta cuestión, pero teniendo en cuenta que no atacamos ni criticamos los procedimientos industriales, pues como es muy natural, lo único que procura el cultivador es obtener productos abundantes que le remuneren con creces su trabajo, que realicen sus esperanzas en el menor tiempo posible, sin preocuparse nada por las alteraciones fisiológicas de la caña.

Los renuevos de esta planta florecen con frecuencia, sobre todo cuando su vegetación ha venido á ser menos activa debido á las sequías ú otras causas; admitido este hecho, se tiene esta circunstancia desfavorable; que generalmente se atiende poco los campos en que se cultivan las zocas, lo que hace producir cañas enfermas y débiles y por consiguiente no debe extrañar que el acto supremo de la fecundación, es decir, el acto preliminar de la verdadera madurez no pueda manifestarse con todas las condiciones necesarias á la reproducción. Los renuevos tratados de esta manera sólo constituyen una planta imperfecta, en la cual la vida jamás alcanza su legítimo término y en la cual el punto vegetativo se alarga, convirténdose en flecha terminal, debido á que no se le han suministrado á la planta los elementos necesarios para la mayor producción de principios inmediatos indispensables para un mayor crecimiento del eje. Por esto deducimos que la producción de la flecha puede considerarse como una consecuencia inmediata del agotamiento temporal de la cepa á que pertenece.

En resumen, podemos asentar que la madurez ó lo que de esta manera se llama en la caña de azúcar, no corresponde á otra cosa que á una detención en el crecimiento, que no hubiera tenido lugar si la planta hubiera estado en mejores condiciones de alimentación y humedad ó por lo menos hubiera sido considerablemente retardada.

Admitido esto, debemos admitir también que en el momento de la aparición de la flecha la planta está en una especie de debilitación orgánico y que su floración es sólo el último esfuérzo de un organismo fatigado. Como prueba de esto, observamos que es muy raro que la floración se produzca en un cañaveral de planta, debido á que las cañas se encuentran en mejores condiciones de cultivo y para las cuales bastarán dos días de abundantes lluvias para comunicarle nuevo vigor al punto vegetativo y determinar una mayor fuerza en la vegetación y el crecimiento.

Por último, podemos asegurar que la floración prematura es suficiente para explicar el aborto de los granos. Por esto no debe admirarnos la producción accidental de algunos granos fértiles sobre tallos robustos y vigorosos que hayan pasado del término arbitrario que se le asigna á la vida de la caña y que hubieran podido encontrar en el suelo los elementos necesarios para su completo desarrollo.

Terminamos este estudio repitiendo lo que dijimos al principio:

Es imposible encontrar el origen de las variedades de la caña en otro órgano que no sea la semilla, y para que esto se produzca es necesario que haya fecundación.

CAPITULO V.

CULTIVO DE LA CAÑA.—CLIMA.

Ligeras consideraciones sobre la influencia de los agentes atmosféricos en la caña de azúcar.—Uno de los más importantes factores para la producción económica de la caña de azúcar, como para todas las plantas cultivadas, es el clima, que con sus variadas influencias sobre los diversos órganos de la planta produce, ya un crecimiento regular y una producción abundante, ya plantas raquíticas y de poca riqueza en principios utilizables.

La caña de azúcar es una de las plantas que si bien tiene una zona de cultivo bastante extensa, también es cierto que está íntimamente ligada con la acción de los agentes atmosféricos y por consiguiente los factores del clima, calor, luz y humedad, obran sobre ella proporcionalmente á ellos, materias utilizables, si dichos agentes son poderosos, la producción será abundante, y muy escasa cuando obran de una manera limitada ó intermitente.

Así, por ejemplo, mientras que la producción de la caña es abundante y rica en la Isla de Cuba y en la región de nuestras costas del Golfo debido á que el calor, la luz y la humedad son constantes y obran de una manera intensa en la Louisiana, en España y en Australia, límites de la zona de la caña, como estos agentes no obran de la misma manera, la producción no sólo es escasa, sino poco rica en materia sacarina.

Para demostrar lo anterior, no hay más que fijarse en la riqueza sacarina de la caña en diversas regiones, y se verá la notable diferencia que hay á favor de la zona á que nos referimos primero.

Esto no quiere decir que de una manera absoluta aseguremos que la latitud es una circunstancia siempre favorable que obra de una manera constante sobre la producción de la caña, pues debemos atender también á la situación topográfica de la localidad y á su altura sobre el nivel mar.

En tesis general podemos asentar que la zona del cultivo de la caña está comprendida entre los 30° latitud N. y los 40° latitud S. Al primer límite corresponden las regiones azucareras de los Estados Unidos y España, y á la última las de la Australia y la Tasmania.

Con objeto de poder dar mayor claridad á nuestros

conceptos, vamos á hacer una ligera digresión sobre la acción de los diferentes agentes atmosféricos sobre la caña de azúcar y fijar algunos datos sobre la cantidad de calor, luz y aireación y humedad que debe recibir la caña para su fácil vegetación y su completo desarrollo.

Acción del calor.—Siendo, industrialmeute hablando, la caña de azúcar una planta tropical por excelencia, claro está que para que pueda adquirir la madurez completa, necesita de una cantidad de calor proporcional á la duración de su vegetación, que equilibre las otras necesidades de la planta y la haga susceptible de poder aprovechar para su completo desarrollo todos los elementos que le son útiles para su alimentación, tales como una humedad abundante, una insolación considerable y una aireación continua.

Se ha observado que la temperatura media que le es más favorable es la de 25° C. que repartidos en todo su período vegetativo hace que el número de grados que necesita la planta se eleve á le considerable cifra de 15.000° que deben repartirse regularmente durante su existencia hasta llegar á la completa madurez.

Con estos datos podemos calcular en vista de las medias termométricas anuales que durante los doce primeros meses de vegetación la caña recibe 9.000°, las de quince meses 11.250°, las de diez y ocho reciben 13.500° y sólo á los veinte meses habrán recibido los 15.000° que necesita.

Ahora bien, dividiendo la vida de la caña en dos períodos, el de crecimiento ó de formación y el de madurez, es indudable que para provocar el desarrollo de la caña en estos dos períodos, tenemos que elegir la época de la siembra, de tal manera que la planta reciba durante el primero, que será siempre de la estación de las lluvias, una suma considerable de calor, acompañado de bastante humedad, pues la caña necesita para su crecimiento y para la elaboración de sus jugos mucha agua, que por economía y salvo necesidades imperiosas debe dársele aprovechando la que naturalmente cae bajo forma de lluvia y de rocío, pero que en ciertas iocalidades, como en el Estado de Morelos, en donde llueve poco hay que recurrir á los riegos.

En el segundo período, la caña es menos exigente en calor y en humedad, pero siempre es necesario que haya cierto equilibrio entre estos dos agentes, de manera que estando en menor proporción que en el primero no falten ni se encuentren en limitadas proporciones. Como no podemos avanzar nuestras consideraciones más allá del período solar de doce meses, tenemos que en el caso de la cosecha á los doce meses, la caña emplea en el crecimiento de 180 á 240 días, y en la madurez de 120 á 180 en las condiciones que hemos fijado, pero teniendo en cuenta que las estaciones de lluvias y de calor no duran en todos los lugares el mismo tiempo ni reinan durante la misma época del año. Así en México el período de lluvias comienza en Junio y termina en Octubre y el período de secas comienza en Noviembre y termina en Mayo.

En otras partes, como en las Antillas, las lluvias se establecen en el mes de Mayo y se prolongan hasta Octubre, y la seca dura de Noviembre á Abril.

En las Islas de Mauricio y la Reunión la estación

pluviosa es de Enero á Junio, y la de secas el resto del año.

De lo anterior deducimos que indudablemente la región más propia para la caña de azúcar es la tropical y la intertropical, principalmente en aquellos lugares en que el calor es abundante y la atmósfera está constantemente cargada de humedad, en una palabra, en las costas é islas, pues por razón natural en estos lugares el calor es húmedo, y otros factores de que después nos ocuparemos también están en condiciones de equilibrio con el que acabamos de estudiar.

A Delteil á este respecto dice que "La caña de azúcar exige un clima cálido, moderadamente húmedo y con intervalos de calor seco. Prefiere las brisas del mar á causa de las partículas salinas que acarrea á los campos para aumentar su fertilidad." De la misma opinión son Ph. Bonâme y L. Wray.

Para apoyar lo anterior veamos qué acción ejerce el frío sobre la caña de azúcar, citando algunas opiniones autorizadas.

Wray dice que en la Louisiana, siendo muy frecuentes las heladas, los campos de caña son sorprendidos antes de que hayan sido cosechados, y de aquí la necesidad de adelantar la zafra ó de recurrir al método de difusión para poder extraer el azúcar.

Por la misma razón no han dado resultados satisfactorios los ensayos que sobre el cultivo de la caña se han hecho en ciertas regiones de Europa, pues ni aún en España los resultados han correspondido á las esperanzas.

En las Indias Orientales sucede lo mismo, pues

mientras que en la región de las Islas Occidentales donde se cultiva la caña, las estaciones son casi iguales por su duración ó intensidad y puede dividirse en general en estación de lluvias y en estación de secas, en las Indias Orientales se divide el año en tres períodos, el de frío, el de calor y el de lluvias, cada uno tiene su máximum, durante el cual las plantaciones de caña sufren mucho por el exceso de uno de estos agentes y defecto de los otros.

Creemos que todo lo dicho será suficiente para poder asentar que la caña de azúcar es una planta esencialmente tropical y que para su completo desarrollo y madurez necesita como condición indispensable una gran cantidad de calor, acompañado de una humedad proporcional, sin cuyo requisito las condiciones fisiológicas y económicas de la planta estarían en un desequilibrio manifiesto.

Como al hablar sobre la influencia del calor sobre la caña hemos unido la condición de humedad como indispensable, nos parece justo hacer algunas consideraciones respecto á la acción del agua sobre tan importante planta industrial.

Acción del agua.—Desde luego sabemos que sin humedad y por consiguiente sin agua no hay germinación posible, pues por más materias propias para la alimentación del germen que encierre la semilla ó la yema, si estas no entran en solución en el agua, la vida permanecerá al estado latente, y si acaso se revela aprovechando una mezquina cantidad de agua, desaparecerá bien pronto por no encontrar en el suelo la necesaria para pasar de la vida embrionaria á la terrestre.

Y si esto es cierto para toda planta por limitadas que sean sus exigencias de humedad, qué no será para la caña de azúcar que necesita elaborar una gran cantidad de principios que forzosamente deben disolverse en el agua que con avidez absorbe de la tierra.

La necesidad del agua es tanto más apremiante en la caña de azúcar cuanto que por la forma de sus raíces no puede como otras plantas sacarinas, principalmente la remolacha, irla á buscar á las regiones profundas del suelo, sino que necesariamente tiene que proveerse de su agua de vegetación en la capa superficial.

Teniendo en consideración lo rápido del desarrollo de la caña, desde su sistema radicular hasta el sistema foliáceo, vemos cuán grande deberá ser la cantidad de agua que para alcanzar este estado hay que suministrarle á la caña si se quiere obtener una producción abundante, que no sólo pague los gastos del cultivo, sino que proporcione la ganancia que forma el objeto de toda empresa.

El agua no sólo es necesaria durante el primer período de crecimiento, es decir, desde la aparición de la vida, sino que debe sostenerse la humedad durante todo el desarrollo de la planta, pues de nada serviría que el campo se cubriera de vegetación si ésta había de detenerse al poco tiempo por falta del líquido, que disuelva las variadas substancias que constituyen el alimento de la planta y que los transporta á las regiones más apartadas del punto de absorción. Si falta el agua vemos detenerse la producción foliácea, los entrenudos detienen también su crecimiento y obtendremos una planta raquítica y pobre en productos utilizables, en vez de tallos elevados, entrenudos grandes y de considerable diámetro que suministran á la hora de la molienda una gran cantidad de jugo azucarado.

Por esta razón el cultivador debe, por cuantos medios pueda, hacer que las tierras destinadas para el cultivo de la caña tengan un grado de humedad que jamás debe descender de 20 á 25 por ciento, pues menor cantidad no sería suficiente para la alimentación de la planta, tanto más si se tienen en cuenta que siendo el clima, como ya hemos dicho, cálido por excelencia la evaporación ha de ser forzosamente considerable.

La naturaleza del terreno influye poderosamente sobre la cantidad de agua que éste retiene, pues mientras que los terrenos francos, que son los que contienen 30 á 40 por ciento de arcilla retendrán fácilmente la humedad durante un tiempo más ó menos largo, otros, como los terrenos arenosos, se desecan rápidamente, por lo menos hasta la profundidad en que las raíces pueden tomar su agua de vegetación.

En los dos casos que acabamos de citar, es decir, en los terrenos arcillosos y en los arenosos, el agricultor se encontrará comprometido, pues mientras que los primeros se verán inundados con frecuencia ó por lo menos saturados de agua durante las grandes lluvias de estación, lo que, como sabemos, es doblemente perjudicial, pues impide el acceso del aire y hace que se pudran las raíces de la planta; los terrenos arenosos, durante la temporada de sequía se desecan por completo y hacen casi imposible la operación de los riegos y además aunque la planta crezca un poco, será en detrimento de la substancia ya elaborada obteniendo en lugar de un tallo rico en jugos azucarados, uno que ni empleándolo como combustible pagaría los gastos del cultivo.

Así vemos que durante los años lluviosos los terrenos arenosos serán mejores que los terrenos arcillosos, sucediendo precisamente lo contrario durante los años de sequía. Sólo con el poderoso auxilio de los mejoradores se podrá obtener un terreno medio que satisfaga á las necesidades de la planta. Después nos ocuparemos de tan importante cuestión.

Si tenemos en cuenta que el agricultor no pueda disponer á su antojo de las lluvias, claro está que este factor sólo puede considerarse como una ayuda, pero jamás debe atribuírsele un carácter constante, y de aquí que con el Sr. Reynoso consideremos que la caña de azúcar es una planta de regadío.

Al hablar de los riegos, nos ocuparemos de tan importante problema, valiéndonos de nuestras propias observaciones y de los autorizados conceptos que con este motivo emite el Sr. D. Alvaro Reynoso que por su larga experiencia en la Isla de Cuba y sus profundos conocimientos en agricultura es indiscutible la mejor autoridad en que podamos apoyarlo para demostrarlo.

Considerando lo cuestión desde otro punto de vista, veamos qué ocurrirá en el caso de que un terreno se vea provisto de una cantidad excesiva de agua.

Sin tener en cuenta por lo pronto la dificultad que esta circunstancia traería para la ejecución de las labores, veamos su acción sobre la caña.

Desde luego el germen no podrá transformarse en

planta, porque no llegando hasta él la cantidad de aire necesario para la germinación, ésta no podrá verificarse y el germen se podriría indefectiblemente.

Si consideramos á la planta ya formada, además de que la ausencia del aire produciría los mismos efectos de pudrición de las raíces, en caso de que esto no sucediera, el vegetal se ve en la necesidad de producir otras raíces más superficiales en detrimento del desarrollo de la planta y de la elaboración de los jugos utilizables.

Otra circunstancia más nociva aún por lo engañosa es que aún suponiendo que la caña se desarrolle aparentemente de una manera favorable, jamás llegará á una completa madurez y los jugos no serán elaborados, lo que constituirá á no dudarlo una pérdida considerable.

Para comprobar lo que acabamos de decir, nos parece conveniente citar un caso curioso que refiere el profesor Basset.

Se trata de un terreno de buena calidad aunque un poco arcilloso, y en donde había un lugar bajo y un declive en que las cañas ofrecían la apariencia de una vegetación regular y aun algo vigorosa. El hecho era debido á que en ese lugar emergían algunas corrientes de agua más ó menos calientes. El color de la tierra de ocre. Las cañas cercanas á las fuentes naturales tenían las raíces sumergidas por completo en el agua y tenían un color verde; pero su desarrollo era mezquino, no así un poco más lejos en donde las cañas estaban en un estado satisfactorio, presentando un desarrollo vigoroso. La desilución vino cuando después del corte se analizó una de estas cañas y se vió que contenía 207 de glucosa en vez de la abundancia de azúcar que por su aspecto prometían.

Este hecho que hemos citado para terminar, nos demuestra que si bien es cierto que el agua es indispensable para la vegetación regular de la caña, no es menos cierto también que no debe pecar por exceso, pues su acción sería tan terrible como en el caso de la falta de agua.

Acción del aire.—Si importantes son los agentes que ya hemos estudiado, qué diremos del aire, sin cuyo auxilio poderoso es claro que no habría vegetación en la superficie de la tierra y por consiguiente la vida animal sería imposible.

El aire es necesario al vegetal desde el momento de la germinación hasta su completa madurez, pues contiene un manantial inagotable de elementos nutritivos, por medio de los cuales se elaboran en el organismo vegetal todas las substancias esenciales para la vida de la planta bajo la forma de carbono, oxígeno, hidrógeno y ázoe.

Tanto el suelo como las hojas se apoderan de los elementos del aire y de algunos otros gases que lo acompañan para formar con ellos la parte más esencial de sus órganos. Así, el suelo se apodera del oxígeno para las oxidaciones que en él tienen lugar, del ácido carbónico para transportarlo por medio del agua como vehículo y que obrando sobre los carbonatos insolubles los transforma en bicarbonatos solubles el ázoe para fijarlo en la tierra por medio de microorganismos especiales que son los poderosos agentes de la nitrificación.

Por medio de las hojas se apodera del ácido carbónico, que descompuesto en presencia de la luz, por medio de la acción clorofiliana abandona el oxígeno fijando el carbono para la formación de las celdillas de la
planta.

El mismo órgano convertido en aparato respirato-
rio se apodera del oxígeno, exhalando el ácido carbónico y favoreciendo las combustiones orgánicas que le
dan vida á la planta.

Dadas estas múltiples y variadas acciones compren-
deremos fácilmente que el aire debe desempeñar las
funciones más notables en la vida del vegetal y cuenta
que no hemos mencionado todavía sus acciones mecánicas, que son también muy importantes. Una de las
acciones mecánicas más importantes del aire es el transporte de la materia fecundante, el polen de las anteras
de la flor á los pistilos, sea que estos órganos de la fecundación se encuentren en el mismo individuo, plantas monoicas, sea qué estén en plantas separadas ó
dioicas.

Otra acción mecánica del aire es el balanceo que le
imprime al vegetal y que constituye una verdadera
gimnasia que estimula las funciones orgánicas de la
planta, con lo que contribuye á su perfecto desarrollo.

En vista de estas múltiples funciones del aire, claro
será comprender que uno de los primeros cuidados del
cultivador será favorecer el acceso del aire á los plantíos si quiere obtener resultados verdaderamente satisfactorios y no quiere exponerse á que sus cañaverales presenten el aspecto que en muchos lugares de la
República hemos tenido ocasión de comprobar.

El hecho es el siguiente: se ven los bordes del cañaveral cubiertos de una vegetación exuberante, con tallos gruesos y bien desarrollados, hojas verdes en todo el vegetal y en completo ejercicio de sus funciones; todo esto es muy bello, pero si no se quiere recibir un desengaño no debe penetrarse al interior, pues allí sólo encontraremos una vegetación mezquina, tallos delgados aunque largos, las hojas inferiores secas ó marchitas, las superiores erguidas y delgadas, en fin, que no habría ni comparación ni compensación entre las pocas cañas hermosas de la periferia con las raquíticas del centro.

¿A qué es debido este fenómeno? Claro será comprenderlo. Las cañas sembradas en los bordes están continuamente en contacto con un aire renovado y fresco que favorece la respiración del vegetal y la descomposición del ácido carbónico; no así las del interior, debido á lo apretado de la siembra, las plantas se confunden unas con otras, las hojas forman una barrera á las corrientes del aire, y encontrándose éste casi confinado no puede suministrarle á la planta todos los elementos de que tiene imperiosa necesidad; además, al cubrirse las hojas unas á otras, impiden que la luz provoque la acción clorofiliana, y por consiguiente las hojas que no pueden respirar ni asimilar se marchitan y bien pronto mueren. Estas hojas, una vez secas, caen, y al caer cubren más ó menos el suelo é impiden que el aire penetre al interior del terreno y la fijación del ázoe no tiene lugar, así como tampoco el ácido carbónico en las aguas. Puede asegurarse que no pudiendo llenar la planta sus necesidades fisiológicas en la me-

dida de sus exigencias se cría raquítica y enfermiza y aun muere.

Este mal es tanto mayor cuanto mayores sean los otros medios que se le suministren á la planta para su buen desarrollo; pues aumentando las condiciones de vitalidad de las plantas se aumentan las necesidades de éstas.

Cuando nos ocupemos de la siembra de la caña haremos otras consideraciones á este respecto, pues el origen del mal sólo reside en la variación de los cultivadores que creen que mientras más apretadas sean las siembras el rendimiento será mayor, sin preocuparse en investigar cuál es el límite infranqueable más allá del cual en lugar de ganancias sólo se obtienen pérdidas.

Acción de la luz.—Entre los fenómenos que venimos describiendo y que forman una cadena cuyos eslabones se entrelazan tan íntimamente, que la falta de uno solo de ellos rompería el equilibrio de todos los demás, la luz es sin disputa aquel que por la importancia de sus funciones ocupa el primer lugar entre todos, pues sin luz la vida sería imposible en la superficie de la tierra.

Podemos decir que la vida, tanto animal como vegetal, tiene su único origen en la luz del sol, pues en la interminable sucesión de los fenómenos biológicos, un solo rayo de luz solar equivale á centenares de vidas aseguradas, pues los elementos de toda substancia organizada toma forma á su impulso creador.

Seamos más explícitos. El principal elemento de la planta es el carbono, que unido por el animal, es decir, quemado, como lo es también por las fermentaciones, se transforma en ácido carbónico debido á la presencia del oxígeno. Al estado de ácido carbónico se esparce en el aire y en el suelo y de estos dos medios la planta lo toma para fijarlo de nuevo en sus celdillas al estado de carbono, volviendo después á repetirse una y mil veces el fenómeno. ¿Pero de qué manera el vegetal se vuelve á apoderar del carbono que al estado de ácido carbónico se encuentra en el aire? Vamos á verlo.

La planta extiende sus hojas en el aire y al contacto de ella se encuentra el ácido carbónico. Si está en un lugar obscuro nada nuevo ocurriría, pero hagamos que un rayo de luz solar vaya á iluminar la superficie de la hoja, entonces el fenómeno de la descomposición comienza. La substancia verde que colora las hojas llamada clorofila, descompondrá el ácido carbónico fijando el carbono bajo la forma de anhidrido carbónico, y el oxígeno será exhalado é irá á favorecer nuevas oxidaciones de las que se produzcan ácidos carbónicos.

En presencia de tales hechos no habrá con seguridad quien intente poner en duda lo que dijimos al principio. La luz es el principal agente de la vida orgánica, porque sin luz no habrían vegetales y sin vegetales no puede haber carbono, y por consiguiente vida.

Concretándonos á la caña de azúcar, diremos que si pesamos 45,000 kilogramos exactos de cañas cosechadas á los doce meses, esta cantidad encerrará 6,750 kilogramos de carbono que corresponde á 24,750 kilogramos de ácido carbónico ó sean 16.187,050 litros, que equivalen á 53956.83,333 litros de aire, el ácido carbónico de este volumen de aire ha sido transformado en un año de insolación y equivale á 43,819 litros de ácido carbónico descompuesto diariamente por hectárea (Basset).

En presencia de tales guarismos creemos inútiles todos los comentarios que pudiéramos hacer para demostrar la gran importancia que el cultivador debe dar á la disposición de sus plantíos, con objeto de asegurar una perfecta insolación.

Esta circunstancia es otro de los motivos que alegamos más tarde para hacer por que algunos cultivadores ignorantes ó ambiciosos den la separación conveniente á las plantas, pues disminuída la distancia las hojas se cubren unas á otras, quedando muchas en la sombra, y por consiguiente, sin poder ejercer la acción clorofiliana.

El agricultor ilustrado debe procurar que la caña produzca abundantes hojas y en buenas condiciones, para que la acción de la luz, obrando sobre la clorofila, fije en los tejidos de la planta el carbono ó sea la azúcar, pues como dice un autor: el verdadero fabricante del azúcar es el sol, y el azucarero lo único que hace es extraerla y purificarla.

Creemos llegado el momento de poder reasumir todo lo que llevamos dicho, y emprenderemos esta tarea seguros de que nuestros pobres conceptos han de ser de alguna utilidad para los agricultores si le dan á cada uno su verdadera interpretación y se los aplican en tiempo y lugar oportunos.

Desde luego, tenemos que siendo la caña una planta de climas cálidos, los terrenos más convenientes para su cultivo son aquellos que están comprendidos en una zona que se eleva hasta los 40° latitud N. y los 30° latitud S., y esto es tanto más cierto cuánto que las abundantes lluvias que caracterizan esta región le suministran á la planta la humedad necesaria, y por lo menos hacen muy limitado el uso de los riegos. En este concepto no vacilamos en asegurar que 40 días de temperatura elevada acompañados de lluvias uniformes favorecen de una manera notable la germinación y la aparición de las primeras hojas. Después de este período, cinco meses de una temperatura media de 30° sin excesos de lluvias hacen que las cañas se desarrollen de una manera completa.

. La aireación del campo debe estar asegurada por una buena orientación del plantío y de las guarda-razas, y sobre todo por una distancia conveniente entre planta y planta.

Por último, creemos que dos meses de una intensidad solar considerable, pero regular, bastan para mantener en ejercicio las funciones de la planta.

CAPITULO VI.

TERRENOS.

Antes de abordar la importantísima cuestión de los terrenos propios para el cultivo de la caña de azúcar, me parece conveniente hacer algunas consideraciones generales sobre la fertilidad natural del suelo y con especialidad de las regiones cálidas, que ya hemos dicho son las más apropiadas para el interesante cultivo que nos ocupa.

A pesar de que el estudio de los terrenos es asunto propio de la Agronomía General, creemos que no será inútil tratar aquí algo de tan importante cuestión, pues el agricultor que desee dedicarse al cultivo de la caña debe estar en condiciones de poder apreciar la mayor ó menor fertilidad del suelo y la aptitud de éste para producir tal ó cual planta. También debe poder apreciar la facilidad que presente el terreno para poder aprovechar determinado abono ó mejorador que por las condiciones económicas de la localidad sea más fácil suministrarles.

Principalmente en las regiones incultas es en donde este conocimiento es más necesario, pues gran número de fracasos son debidos á que, sin conocer la verdadera fertilidad del suelo ni su probable duración, se lanzan á grandes trabajos de instalación y preparación de los terrenos y á la postre resulta que el suelo es de escasa y efímera fertilidad.

Desde luego podemos asentar que los datos que deben recogerse para poder apreciar las condiciones de fertilidad natural son las siguientes: Naturaleza de las capas geológicas, influencia del clima sobre la fertilidad y aptitud para poder aprovechar ciertos elementos de fertilización.

Es un hecho conocido, aunque no explicado todavía, que las rocas calcáreas presentan en los países cálidos, y principalmente en la zona ecuatorial, menos desarrollo que en otras regiones, tales como en los Estados del Este de la Unión americana, y en la Europa Occidental, y en las localidades en que se presentan las rocas calcáreas, éstas pertenecen á la formación paleozoica, en que, como sabemos, presentan una dureza muy considerable y están generalmente impregnadas de diversos silicatos.

En la zona inter–tropical dominan principalmente dos formaciones, por una parte el diluvio cuaternario y algunos aluviones terciarios, por otra los terrenos de granito y de gneis y las formaciones esquistosas paleozoicas con gredas. Estos hechos geológicos nos hacen presentir que la fertilidad de las tierras cálidas de la zona indicada no es tan grande como parece.

Sabemos que donde quiera que falte el carbonato de cal ó es poco abundante, la cal es suministrada por la desagregación más ó menos fácil de los fieldespatos que la contienen en proporciones notables, como sucede en las rocas volcánicas. Ahora bien, sabemos por la química agrícola que para apreciar los elementos fertilizantes de las rocas geológicas no basta tener en cuenta su composición química, sino que es necesario considerar su facilidad de desagregación.

El clima, ó mejor dicho, los agentes atmosféricos que los constituyen ejercen una acción poderosísima sobre esta desagregación, pero es indudable que esta acción debe estar subordinada á la constitución mineralógica de la roca, pues sabemos que un mismo tipo químico puede presentarse en diversas resistencias á la desagregación.

En los países cálidos falta un agente poderoso de desagregación, cual es, las heladas, pero en cambio las abundantes lluvias, las alternativas de humedad y sequías, el calor continuo y la acción de las raíces sobre las rocas obran de una manera poderosa.

Además el carbonato de cal, así como los fosfatos y el humus, se mezclan más fácilmente con los elementos del suelo en los países cálidos que en los templados, debido á la elevada temperatura á que se verifica el fenómeno y á la abundancia de las lluvias. El profesor Agassiz corrobora esta opinión en las importantes observaciones que hizo durante su viaje al Brasil, en donde comprobó que rocas muy resistentes como los granitos, las dioritas., etc., presentan su superficie alterada hasta cierta profundidad.

En general podemos asegurar que tan perjudicial es para la fertilidad de la capa arable que las rocas que la constituyen sean muy resistentes como que sean de fácil desagregación.

Cuando una roca se descompone es preciso calcular no solamente los diversos principios minerales fertilizantes que pone á disposición de las plantas, sino también debe tenerse en cuenta los elementos minerales pulverulentos que constituyen la capa permeable fácil de humedecer y que guarda con mayor ó menor tenacidad esta agua.

Se ha observado que cuando las partes constitutivas de las rocas son elementos mineralógicos de una resistencia muy desigual á la destrucción, los más resistentes tienden á predominar en la superficie y á esto es debido que ciertos suelos arables presenten una gran cantidad de sílice en polvo impalpable ó arena silicosa, mientras que las rocas que la formaron sólo contienen la sílice en proporciones muy limitadas.

Es necesario saber distinguir al estudiar un suelo arable los elementos que proceden de las rocas subya-

centes y los que proceden de alguna·capa de aluvión
depositada en su superficie. Además, un mismo suelo
pueden tener una fertilidad notablemente diferente según el clima local y el estado de cohesión, de división
arenosa ó de pulverulencia impalpable de sus elementos, cualquiera que sea su composición química. Así, el
suelo de una constitución química y física bien defini-
da puede ser de notable fertilidad, bajo un clima moderadamente lluvioso y provisto de una magnifica ra-
diación solar, y, en cambio, poco ó nada fértil bajo un
clima muy lluvioso y con frecuentes nublazones. Lo
mismo diremos del estado en que se encuentran las partes constitutivas del terreno; si es pedregoso, arenoso
ó de pulverulencia impalpable, puede presentar grados
diversos de fertilidad.

Al estado de pulverulencia impalpable, muchos elementos mineralógicos tienen, una vez humedecidos,
una gran adherencia y al desecarse forman una costra
dura, que además de las dificultades que opone á las labores ejerce una influencia muy grande sobre la fertilidad del terreno.

Algunas arenas gruesas y muy permeables pueden
ser absolutamente estériles bajo un clima muy seco,
muy fértiles bajo un clima lluvioso y aun extremada-
mente fértiles cuando alternan con lluvias moderadas
y regulares y días de buen sol, porque entonces guar-
dan la humedad suficiente y aspiran al evaporar esta
agua la que se encuentra en el subsuelo.

No debe olvidarse que el estado asimilable de un elemento químico, fértil, tiene tanta importancia como su
dosis más ó menos elevada y que el clima, la abundan-

cia del humus y la naturaleza de la vegetación influyen poderosamente sobre el estado de asimilabilidad.

En cuanto á la duración de la fertilidad, podemos asegurar que la presencia del fierro en los terrenos constituye un buen indicio.

Pues además de que el fierro es en sí mismo un elemento de fertilidad, el mineral de fierro contiene siempre más ó menos fórforo.

Los terrenos ferruginosos ocupan grandes extensiones en toda la zona tropical; unos son aluvinarios, de edad terciaria ó cuaternaria y es probable que deban su fósforo á la erupción de aguas ferruginosas; otras son de formaciones geológicas cristalinas en las que abunda el fierro.

Las rocas volcánicas contienen casi siempre proporciones muy notables de fosfatos y suministran á la vegetación los álcalis en un estado muy asimilable, pues contienen siempre cal en grandes proporciones y su desagregación suministra suelos de una gran fertilidad.

Los granitos y los gneises dan suelos de mediana calidad, que pueden ser favorables para la vegetación de los bosques y ser mejorados por medio de la cal y de los fosfatos minerales.

Las dioritas dan suelos mucho mejores, principalmente cuando su coloración es obscura.

Las esquistas son rocas de tipos muy diversos y por consiguiente producen suelos de una fertilidad muy variable; unos son muy malos, otros medianos y muy pocos buenos.

Las gredas y las cuarzetas dan terrenos generalmente medianos, pero ciertas gredas ferruginosas pueden producirlas buenas.

Las calcáreas terciarias dan en general muy buenos terrenos y la presencia de conchas fósiles son el mejor indicio de su fertilidad.

Los aluviones de edad terciaria ó cuaternaria producen buenos suelos arables si exceptuamos ciertas arenas puras y algunas arcillosas que encierran numerosos guijarros, que los producen malos. Se puede explicar esta diversidad considerando que algunos aluviones son producidos bajo la impulsión violenta y corta de capas de agua diluviales y torrentosas, mientras que otros, por el contrario, se han depositado lentamente de las aguas estancadas, ricas en plantas acuáticas y animales microscópicos.

Las corrientes de agua transportan despojos vegetales y los acumulan en determinados lugares, constituyendo aluviones muy ricos en mantillo, mientras que en otros solamente depositan bancos de arenas y de guijarros. En general se consideran como muy fértiles los aluviones depositados en los valles por las aguas que han lavado las mesetas, porque estas aguas arrastran gran cantidad de partículas vegetales y cadáveres de animales pequeños, también llevan en suspensión partículas minerales muy variadas. Mientras más extensas son las mesetas lavadas y el climas más seco, el carácter de gran fertilidad de los terrenos de los valles es más marcado.

Las lomas situadas en la boca de los ríos son también terrenos de gran fertilidad, porque ahí es donde pululan mayor número y variedad de animales y se deposita la arcilla más fina mezclada con los despojos vegetales, y si á esto agregamos un clima lluvioso, la fertilidad será mayor por la facilidad con que se desagregan.

En ciertas islas de la zona intertropical suelos muy particulares han sido formados por la emergencia de bancos de coral elevados á menudo á una gran altura por alguna fuerza volcánica; sobre estos bancos han vegetado desde luego algunas plantas del litoral aptas para soportar lo salado del terreno; después, cuando el mantillo vegetal se ha acumulado y que lo salado del terrreno ha disminuído por el lavado de las lluvias, una vegetación más variada se ha desarrollado y se han podido establecer diversos cultivos. La fertilidad de estos terrenos suele ser extrema y entre otras plantas el cocotero crece con gran fuerza.

Haremos observar un inconveniente de estas tierras. Bajo los climas muy secos se presentan á menudo eflorescencias salinas que pueden ser muy perjudiciales y aun constituir una causa local de esterilidad. Importa mucho por consiguiente no confundir estos suelos con el primer estado del terreno, es decir, con el suelo coralino en donde sólo crecen las plantas, que algunos autores designan con el nombre de plantas de la región "madrepórica."

Mr. Roul ha señalado el hecho de que varias extensiones de terrenos cubiertos de bosques de árboles gigantezcos que harían pensar á primera vista en una fertilidad prodigiosa, no son aptos para otra vegetación·

El hecho es atribuído á la presencia del fierro en excesiva cantidad y debido á esto sólo vegetan en el terreno plantas que como la Encina de goma (Spermolepis Guminífera) son características de los terrenos ferruginosos.

Caña de azúcar.—6

Así, la fertilidad de los terrenos ocupados por grandes bosques suele ser imaginaria y además está expuesta á ser destruída por el exceso de agua de las frecuentes lluvias.

Tampoco debe prejuzgarse de la fertilidad del suelo cubierto en su superficie de mantillo sin haber hecho antes observaciones encaminadas á determinar el espesor de la capa, la naturaleza del subsuelo y la roca geológica.

El humus vegetal comprende muchas variedades dotadas de desigual fertilidad y de una duración también muy desigual. Algunas variedades negras muy carbonadas y de una destrucción muy lenta no tienen casi ningún valor fertilizante. Además en ningunos lugares cercanos á las costas los despojos vegetales que constituyen el mantillo tienen impregnaciones sulfurosas y lo transforman en elementos perjudiciales.

Otro de los caracteres esenciales para determinar la mayor ó menor fertilidad del suelo es el que nos suministra la vegetación del lugar. En general una vegetación espontánea arborescente es un buen indicio; sin embargo se observa en las regiones cálidas que terrenos cubiertos de grandes bosques, como ya hemos indicado, son suelos medianamente fértiles, y por consiguiente muy engañosos; por el contrario, otros cubiertos de hierbas insignificantes y matorrales, pueden suministrar muy buenas tierras de cultivo.

La persistencia de árboles que retoñan en sus troncos también constituye un buen indicio de fertilidad así como la abundante fructificación de los grandes árboles; ciertas hierbas salvajes que cubren vastas extensiònes con una vegetación mezquina y monótona suelen ser un indicio infalible de poca ó ninguna fertilidad.

Para terminar diremos, que siempre que la vegetación presente una fuerza de asimilación potente, así como el tamaño de las hojas y su color verde sean notables, podemos asegurar que el terreno es fértil. En cambio, simpre que las hojas terminales sean las únicas verdes y las inferiores amarillentas y marchitas, se puede asegurar sin vacilación qué la tierra es estéril.

Una vez que ya hemos dado algunas ideas generales sobre la fertilidad de la tierra y las causas que la constituyen, pasemos á ocuparnos de la importantísima cuestión de las tierras propias .para el cultivo de la caña.

CAPITULO VII.

ELECCIÓN DEL TERRENO.

Inútil nos parece indicar la magna importancia que para el buen éxito de la caña de azúcar, y en general para todo el cultivo, tiene la elección del terreno en que debe cultivarse, pues cada planta tiene sus exigencias especiales y su modo de vegetación es tan variado que terrenos en donde más se producen de una manera satisfactoria, son incapaces para producir siquiera medianas cosechas de otras.

Al abordar este estudio nos hemos encontrado con que hasta los autores de más nota han descuidado este punto y no nos indican de una manera clara y precisa cuáles son los terrenos más apropiados para el cultivo de la caña. El mismc Reynoso, que es el más notoriamente reputado como la primera autoridad en la materia, descuida hablar de la elección de los terrenos de una manera detallada y sólo da á este respecto algunos datos dispersos en su importante obra.

Desde luego comenzaremos por asentar que cualquiera que sea la composición del terreno, debe tener como primera condición el de no ser de fuerte pendiente, pues esto, además de exponer las tierras á ser deslavadas por las lluvias, haría muy difícil si no imposible la operación de las labores. Además de la pendiente debe también tenerse en cuenta su posición respecto á los lugares de donde pueda tomarse el agua para los riegos, pues de lo contrario habría necesidad de emprender la construcción de obras hidráulicas siempre muy costosas.

. Si nos fijamos en la composición de los terrenos, podemos asegurar desde luego que tanto en composición física como química tienen tal influencia sobre la producción vegetal que como el mejor medio para poder asegurar la aptitud de un terreno para el cultivo de tal ó cual planta, se recurre al análisis físico y químico de las tierras; pero no estando en circunstancias de podernos dedicar á estudios de esta naturaleza, que son siempre largos y complicados, nos limitaremos solamente á estudiar las tierras bajo el punto de vista de su composición física y en su constitución geológica.

En la formación de las tierras arables han intervenido los diversos agentes geológicos que ora por su acción física, ora por su acción química han transformado las rocas en elementos más ó menos pulverulentos, que mezclados más tarde con despojos orgánicos de origen animal y vegetal, han constituído lo que se llama capa arable, debidamente impregnada de humedad y aireada convenientemente.

Esta capa que hemos llamado arable, reposa sobre lo que llamamos el subsuelo y que según el origen de la tierra que soporta puede tener su misma composición ú otra diferente. El primer caso se presenta cuando el suelo arable se ha formado por desagregación de la roca subyacente, y el segundo cuando se ha formado por sedimentación y acarreo.

Puede considerarse la capa arable como compuesta de dos partes esenciales, una constituye lo que Mr. Demaseaux llama el esqueleto, porque no suministra á la planta ningún elemento, sirviendo solamente para contenerlos en un grado de división que les permita estar en contacto con los elementos'atmosféricos que los hacen asimilables; la otra parte la constituyen las materias nutritivas que alimentan la planta y que transformadas por ésta vienen á formar los principios utilizables, tales como el azúcar, el almidón, etc.

En resumen, podemos asentar que la tierra arable se compone de un esqueleto, de materias nutritivas, de agua encerrada por capilaridad entre sus partículas, de gases y de sus microscópicos que desempeñan un gran papel en la fertilización de las tierras.

Cada uno de estos componentes son indispensables y su estudio detallado nos llevaría á estudios de alta importancia, pero son del resorte de la agrología y aquí no nos proponemos hacer un tratado acerca de tan importante rama de la ciencia agronómica.

Al ocuparnos de la fertilidad natural del suelo hicimos algunas consideraciones sobre la formación de la tierra arable y creemos que esto nos dispensará de volver á tratar la cuestión, así es que nos limitaremos solamente á estudiar ligeramenté los elementos constitutivos del·suelo, para pasar en seguida á ocuparnos del asunto esencial de este capítulo.

La desagregación de las rocas suministra al suelo las dos terceras partes de su composición, que hemos designado con el nombre de esqueleto, y elementos nutritivos que son generalmente sales. El esqueleto predomina naturalmente sobre los elementos nutritivos, pero no siempre están en una relación constante en las tierras cultivadas y de aquí la gran variedad de suelos propios para la agricultura.

Entre los elementos que constituyen toda tierra arable los principales, bajo todos conceptos, son: la sílice, la arcilla, la calcárea y el humus, mezclados con fragmentos de rocas y otra diversidad de substancias de que haremos mención al ocuparnos aisladamente de estos elementos y de sus múltiples combinaciones.

Sílice.—La sílice, ácido silícico, anhidrida silícica. Si O^2 es una combinación oxigenada del silicium y constituye una de las materias más esparcidas en la superficie del Globo, sea al estado libre, sea al de combinación formando los silicatos. Se presenta al estado amorfo ó al estado cristalino. En general es insoluble, pero finamente pulverizada es algo soluble. Proviene de la desagregación de las rocas silizosas y de la trituración de las cuarcitas y de los esquistos silizosos.

La sílice domina en casi todos los suelos cultivados

y forma el elemento más tosco y por consiguiente el primero en depositarse cuando se diluye una tierra en el agua. Tiene poca afinidad por este líquido y por las materias fertilizantes. Se calienta y enfría fácilmente en proporción al tinte general de la tierra que la contiene. Evapora rápidamente el agua que encierra ó la deja escurrir hacia las capas profundas.

Arcilla.—La arcilla, silicato de aluminio hidratado, es un cuerpo que tiene por propiedad dominante absorber el agua lentamente, pudiendo retener de ella hasta el 70 por ciento de su peso, formando una pasta que se deja amoldar y que al desecarse se endurece, perdiendo, cuando esta desecación es rápida, la propiedad de desleirse en el agua.

Su papel más importante en las tierras arables es darles una facultad excepcional de absorción del agua necesaria para la planta.

No constituye por sí misma un alimento para las plantas, pero encierra una gran cantidad de substancias que como la potasa y varios óxidos, sí sirven de alimento al vegetal.

Tiene en razón de su poder absorbente y de los diversos cuerpos que en ella se mezclan una gran afinidad por los elementos nutritivos.

Forma diferentes mezclas que le quitan en gran parte su plasticidad y que constituyen diversas substancias muy empleadas en la agricultura para mejorar y aun abonar las tierras.

Cal.—La cal, óxido de calcio, Ca O al estado de pureza. es cáustica y poco soluble en el agua, pero apoderándose de la del aire pierde su causticidad y forma la calcita ó carbonato de cal, apoderándose de la anhídrida carbónica del aire.

En las tierras se encuentra al estado de yeso, y principalmente al de calcita pulverulenta. En este estado absorbe y retiene el agua con más fuerza que la arcilla.

El papel más importante de la cal en las tierras arables es la propiedad que tiene de coagular la arcilla, obligándola á que permanezca mezclada con la arena, pues sin la cal, la arcilla sería arrastrada mecánicamente por las lluvias hacia las capas profundas.

Tiene poca afinidad por los elementos nutritivos del suelo, pues sólo absorbe con facilidad las sales fosfatadas.

Cambia de estado con mayor facilidad que los otros elementos que hemos estudiado, y por eso se transforma de carbonato insoluble en bicarbonato soluble á favor del ácido carbónico del aire. Otras veces, perdiendo este ácido carbónico se transforma de bicarbonato en carbonato de cal ó calcita.

Humus.—El humus es el producto de la descomposición lenta de las diversas materias orgánicas contenidas en el suelo. Su composición es muy compleja y entre los cuerpos simples que la constituyen figuran principalmente el carbono, el hidrógeno, el oxígeno y el ázoe. Cuando la materia orgánica se descompone bajo la influencia del calor y de la humedad y al contacto del aire, forma el mantillo que es el que le da á las buenas tierras un color moreno ó negro. Es más ó menos pulverulento y cuando está en vías de formación produce ácido carbónico en abundancia y otros gases, que fijados en el suelo sirven de alimento á las plantas ó contribuyen á hacer asimilables los que encierra la tierra.

El papel esencial del humus en las tierras arables consiste en modificar las propiedades físicas de ellas, pues da cohesión á las tierras ligeras, poniéndolas en aptitud de absorber el agua, haciendo en cambio más porosas á las fuertes. Además hace que las tierras en general absorban mejor el calor de los rayos solares y les comunican la gran propiedad de absorber todos los principios nutritivos, así como el vapor de agua y los diversos gases que se ponen en contacto con la tierra.

Dada la importancia de estos caracteres del mantillo debemos procurar y facilitar su formación, y á esto contribuyen poderosamente las labores y la presencia de inumerables microorganismos.

También se encuentran en toda tierra arable proporciones variables de fragmentos de rocas que representan la roca de donde tomó origen la tierra de la capa considerada. Estos fragmentos constituyen una reserva para el porvenir, pues día llegará en que se desagreguen á su vez dando sus elementos á la tierra. Para el análisis físico de las tierras se le considera como arena gruesa.

Las substancias fundamentales de que acabamos de ocuparnos son las que constituyen el esqueleto de la tierra arable. Todas ellas están mezcladas en proporciones muy variables y esta mezcla da la diversidad de tierras cuya clasificación no tardaremos en dar. Pero entiéndase que de ninguna manera puede considerarse que una tierra compuesta exclusivamente de ar-

cilla, cal, arena y humus sea propia para el cultivo sino que por el contrario es absolutamente estéril.

Para ser fértil necesita contener otras muchas substancias de que sólo haremos referencia por no prolongar mucho este estudio.

Las substancias aludidas provienen también de la
desagregación de las rocas, pero pueden ser llevadas
al suelo por las aguas y por los abonos.

Dichas materias son: potasa, sosa, fierro, magnesia,
amoníaco, ácido fosfórico, nítrico, sulfúrico y carbónico.
De ellas depende exclusivamente la fertilidad del suelo,
por limitadas que sean sus cantidades. Su estado influye también sobre la vegetación; pueden estar al estado asimilable ó no; y su desaparición es un signo del
empobrecimiento ó infertilidad de las tierras, según el
grado de esta desaparición.

El empobrecimiento de las tierras es una consecuencia natural del cultivo y, por consiguiente, la restitución
de estos elementos es una cuestión de vital importancia para el agricultor; más tarde nos ocuparemos de
ella.

No dejaremos de citar para concluir que la presencia en las tierras de diversos microorganismos es también una importante condición de fertilidad.

Clrsificación de las tierras.—Toda vez que ya hemos
estudiado, aunque sea ligeramente, la composición de
las tierras, nos parece necesario presentar un cuadro
de su clasificación para entrar de lleno al estudio de
los terrenos más apropiados para el cultivo de la importante planta sacarina que nos ocupa.

Podemos dividir las tierras, partiendo de su composición física, de la manera siguiente, que es la que nos parece más exacta y sencilla.

Arcillosas............................	Suelo de arcilla pura. Suelo arcillo–arenoso. Suelo arcillo–calcáreo. Suelo arcillo–humífero.
Arenosas.............................	Suelo de arena pura. Suelo areno–arcilloso. Suelo areno–calcáreo. Suelo areno–humífero.
Calcáreas	Suelo cretáceo. Suelo toboso. Suelo margoso.
Humíferas...........................	Suelo turboso. Suelo pantanoso.

Comenzaremos por hacer observar que las denominaciones comprendidas en este cuadro no significan la exclusiva existencia de uno solo de los componentes indicados sino simplemente que predomina.

Veamos las aptitudes diversas de estas tierras para producir de una manera económica la caña de azúcar.

Tierras arcillosas.—Se dice que una tierra es arcillosa cuando la arcilla predomina sobre los otros elementos alcanzando una proporción desde 20 por ciento, pero sin pasar de 50 por ciento, pues á esta dosis deja de ser cultivable. Provienen de la desagregación de las rocas silicatadas que tienen como bases la alúmina y el óxido de hierro.

Las tierras de esta naturaleza, calificadas de fuertes y tenaces, puede decirse que en general no convienen para la caña de azúcar, pues además del inconveniente de oponer una gran resistencia á las labores, tienen el de anegarse con facilidad, lo que haría necesarias operaciones de desecamiento siempre muy costosas. Como contienen una gran cantidad de agua, se desarrollan en ella infinidad de plantas nocivas que no tardan en cubrir el campo.

Además de los defectos señalados tienen el de producir un jugo sacarino tan diluído que es necesario una gran cantidad de combustible para extraer de él el azúcar que contiene.

Por otra parte, algunos observadores aseguran que las cañas cultivadas en estos terrenos encierran una mayor proporción de azúcar incristalizable y materias mucilaginosas.

Sin embargo, puede cultivarse en ellas la caña de azúcar si se tiene el cuidado de corregir estos defectos por medio de mejoradores apropiados, repartidos de una manera juiciosa.

Terrenos arcillo-arenosos.—Los terrenos de esta naturaleza pueden considerarse como propios para el cultivo de la caña, sobre todo cuando contienen cal en proporción conveniente y los otros elementos se encuentran bien repartidos. Las cañas que producen son de buen aspecto y ricas en jugos sacarinos.

Terrenos arcillo-calcáreos.—Los terrenos de esta clase son de los que más convienen á la caña, pues proporcionan tallos bien desarrollados y abundantes jugos.

Terrenos arenosos.—Se llaman arenosos aquellos terrenos en que domina la arena sin pasar de 80 por ciento de sílice, pues entonces son absolutamente impropios para el cultivo.

Estos terrenos ofrecen caracteres contrarios á los de los arcillosos, proviene principalmente de la desagregación de los conglomerados y de las gredas.

En general podemos asegurar que estos terrenos no son propios para la caña, pues son muy fácilmente desecados y por consiguiente aprovechan poco del beneficio de las lluvias, haciendo indispensables los riegos, que son muy costosos por la exorbitante cantidad de agua que demandan.

Además, presentan muy poca resistencia y están expuestas las plantas á ser arrancadas por un viento fuerte, estas mismas razones hacen que las labores sean inútiles pues con facilidad son deslavados los surcos por las lluvias. Por último, los abonos líquidos son arrastrados á las capas profundas, lo que hace inútil su empleo.

Terrenos areno-arcillosos.—Sin duda alguna estas tierras son las mejores para la caña de azúcar cuando están acompañas de humus á dosis convenientes, y de cal, formando terrenos areno-arcillo-humíferos y areno-arcillo-calcáreos, los primeros son llamados por los cultivadores de caña *atocles;* estas tierras aprovechan sin dificultad todas las labores y las aguas meteóricas.

El carácter esencial de estas tierras es el de producir no solamente abundantes cosechas, sino también el de poder prolongar su cultivo durante un tiempo mucho mayor que en otros sin que se agoten ni desmerezcan. Por esto no vacilamos en recomendar los terrenos areno-arcillo-calcáreos y areno-arcillo-humíferos para el cultivo de la caña.

En cuanto á los areno-calcáreos y areno-humíferos no tienen importancia y solamente cuando son de la composición que dejamos señalado arriba se pueden tomar en consideración, es decir, cuando la arcilla domina sobre la cal y la materia húmica.

Terrenos calcáreos.—Tienen por materia dominante
el carbonato de cal y ofrecen muy poca importancia
bajo el punto de vista de la agricultura cuando contienen hasta el 60 ó 70 por ciento de cal, pero cuando esta proporción es menor y la arcilla, la arena y los elementos fertilizantes abundan, producen cañas hermosas y de un jugo muy rico en azúcar y sobre todo muy
fácil de extraer y purificar.

De los terrenos humíferos podemos decir que son en
general poco aptos para la producción agrícola, ya sea
que se presenten al estado de terrenos turbosos ya al
de pantanosos.

Los primeros están formados por la alteración de los
despojos vegetales que provienen de ciertas plantas,
en el seno de las aguas, pero al abrigo del aire.

La turba absorbe muchísima agua, lo que hace ex-
perimentar un aumento considerable de volumen cuando sobreviene una lluvia abundante, pero apenas se
deseca por el sol, viene la contracción y las grietas, lo
que hace que las plantas perezcan ó sufran mucho con
estas alternativas.

Además, la proporción del carbono aumenta en proporción de la turba, lo que hace que la cantidad de ácido carbónico disminuya haciendo difícil la vida de la
planta, porque las materias húmicas de formación reciente desprenden más ácido carbónico; por último, diremos que diversos cuerpos nocivos pueden encontrarse en exceso en las tierras turbosas, tales como el fierro
al estado de óxido ferroso perjudicial para la nitrificación, el ácido sulfúrico y el sulfato de cal, que en presencia de las materias orgánicas se transforman en sulfuro de calcio y también es perjudicial.

En cuanto á los terrenos pantanosos diremos que son los inundados periódicamente por las lluvias y por los derrames de ríos y manantiales cercanos á ellos. Son más ricos que los anteriores en materias minerales, y en ellos ha desaparecido por completo la estructura de los restos orgánicos, no sucediendo lo mismo en los turbosos.

Por sí solos estos terrenos son impropios para la caña de azúcar, pero recurriendo al drenaje y á los mejoradores y abonos, puede aprovecharse la inmensa cantidad de principios fertilizantes que de ordinario contienen.

Un autor aconseja que antes de dedicarlos al cultivo de la caña se sometan á una rotación trienal para que ya mezclados se presten al cultivo de la caña.

En resumen diremos, que toda tierra destinada al cultivo de la caña de azúcar debe reunir las siguientes condiciones:

En primer lugar, reposar sobre un subsuelo permeable y cuya naturaleza no difiera mucho de la composición media de la capa arable. Además, su orientación é inclinación deben ser tales que permitan ejecutar fácilmente las labores oponiéndose al deslave por las aguas pluviales y de riego. Por último, la capa arable debe tener una profundidad media de 0^m45 á 0^m50 para que las raíces puedan extenderse con facilidad.

CAPÍTULO VIII.

DESMONTES.

Esta operación preliminar é indispensable para poner en estado de ser cultivadas vastas extensiones de

terrenos que han permanecido incultos, no es necesario ejecutarlas en algunas de nuestras regiones azucareras, tales como el interesante Estado de Morelos, pero en cambio en nuestras costas se encuentran terrenos
de una fertilidad prodigiosa cubiertos por bosques im-
penetrables que muy bien pudieran ser dedicados á la
producción de la caña de azúcar.

Con objeto de que los que deseen dedicarse á este
importante cultivo tengan algunos datos prácticos, vamos á hacer un ligero estudio sobre los desmontes ó
tumbas, necesarios para la preparación de los terrenos
de una manera económica y conveniente.

Antes de proceder al estudio de los desmontes, creemos indispensable hacer algunas consideraciones sobre
la utilidad de esta operación, con objeto de marcar los
límites precisos en donde debe detenerse el cultivador,
pues hay una idea bajo todos conceptos errónea y contraria á los principios de la agricultura, que debemos
combatir con energía.

Desde luego tenemos, que cuando se dispone de terrenos que por su situación y condiciones de fertilidad
pueden contribuir poderosamente á la producción de
la caña, nos parece muy natural que se proceda al desmonte, pero siempre después de un estudio muy concienzudo de las propiedades físicas de la tierra, pues
por no tener en cuenta esta consideración indispensable, numerosos fracasos han traído la ruina de empre-
sarios que se han entregado de una manera absurda á
esta operación, abandonando buenas tierras que con un
poco de abono hubieran sido convertidas en ricas y
buenas productoras de caña.

En efecto, muchas veces resulta que un terreno cubierto de una vegetación arborescente abundante y á
primera vista engañosa, con respecto á su fertilidad,
han resultado después del desmonte.terrenos de muy
mediana calidad, sea por su pobreza en materias minerales, tan necesarias para la caña de azúcar, ó por
contar con muy poco espesor de capa arable.

Otra circunstancia notable que también debemos tener en cuenta, es que terrenos nuevos que provienen de
un desmonte dan dos ó tres cosechas abundantísimas
y después caen en un estado tan lamentable de empobrecimiento, que con la desesperación del agricultor
que en su riqueza fundaba sus más halagüeñas esperanzas. ¿A qué se debe este fenómeno? Fácil nos será
explicarlo.

Al hacer el desmonte quedan en el terreno las ramas, bejucos y troncos, así como todos los despojos ve-
gatales que en él se encuentran, y con objeto de desem-
barazarse de ellos para mejorar las tierras se quema
el campo. Al ejecutar esta operación, como fácilmente
se comprende, la tierra se calienta de una manera notable y, por consiguiente, la destrucción de la materia
orgánica es una consecuencia natural é inevitable; además, muchas substancias salinas sufren muchos cambios en su estado y composición, de lo que resulta una
alteración en las condiciones de fertilidad del terreno,
pues nada hay más difícil de restituir que la materia
orgánica una vez que ésta ha sido destruída en una
tierra.

En muchas regiones de nuestras costas, así como en
la Isla de Cuba, se tiene la preocupación de que una

Caña de azúcar.—7

tierra de desmonte es mucho mejor que una ya cultivada y aseguran que para levantar una explotación en
decadencia nada hay mejor que esta operación. ¿Qué
diremos de esto cuando tenemos á la vista los desastrosos resultados que trae esta operación y que acabamos de citar?

Si las leyes del agotamiento de las tierras, así como
las de restitución, fueran vulgarizadas entre nuestros
agricultores, sin duda alguna antes de asentar esta
máxima absurda en la generalidad de los casos, se pe-
sarían los gastos que origina una tumba y preparación
de un monte y los que originaría la compra de abonos
y mejoradores para restituirle al campo cultivado anteriormente los materiales que le han substraído las cosechas, entonces no dudaremos de qué lado se inclina-
ría la balanza: se limitaría la acción desbastadora de
los desmontes reduciéndolos á su justo límite.

No pasaremos en silencio otra causa importantísima
que hace nociva, cuando no es indispensable, la operación de los desmontes y es el cambio profundo que opera en las condiciones meteorológicas de la localidad la
tala de los montes, pues es un hecho demostrado y sobre el que sería inútil insistir, que los montes y los
bosques son los que atraen y regularizan las lluvias.

Esta circunstancia es tanto más digna de tomarse en
consideración cuanto que en nuestras costas ni siquiera se conoce el empleo de los riegos para las plantas
de caña, y todo está confiado á la acción del riego ce-
leste, como le llama Reynoso á las lluvias. Alejemos
las lluvias de nuestros cañaverales por los desmontes
y luego lamentémonos de la escasez de agua.

Este será el justo castigo de aquellos que, sin un estudio concienzudo y científico, se entregan á tan bárbara operación. Esto no quiere decir que siempre, y de una manera absoluta, condenemos los desmontes, pues llevamos dicho que en los casos en que sea indispensable tiene que admitirse, pero de esto á que siempre y como una ventaja para al cultivador deban ejecutarse, hay gran diferencia.

Dadas estas circunstancias, pasemos á exponer la manera que creemos más conveniente para ejecutar los desmontes, y aunque nuestras ideas se apartan algo de las emitidas por personas más autorizadas que nosotros, procuraremos fundarlas para que no se nos tache de ligeros ó pretenciosos.

La primera operación que debe ejecutarse para hacer un desmonte es calcular la superficie del terreno que se trata de limpiar para poder distribuir de esta manera el número de jornales que sean necesarios para la operación, así como para calcular á *priori* la cantidad de caña que debe sembrarse y la que pueda ser cosechada.

Una vez hecha esta determinación se procede á cortar todos los bejucos y hierbas, con objeto de limpiar y aislar los grandes y pequeños árboles para facilitar la circulación de los trabajadores. Esta operación se ejecuta con una hoja acerada, que en las costas se conoce con el nombre de *machete*.

Una vez que se ha limpiado el terreno se procede á cortar los árboles pequeños y medianos, y, por último, los grandes que necesitan del concurso de tres ó más peones. Al hacer el corte se puede proceder de dos maneras, ó á medida que se tumba un árbol se hace el corte y la extracción de la leña, ó se procede á hacer primero el corte de todos los árboles dejando para después hacer la leña.

Los árboles que por su madera y tamaño puedan aprovecharse para las construcciones deben separarse y ser extraídos del terreno.

Estas diversas operaciones se hacen por medio del hacha, pues aún no conocemos en las costas el empleo de las sierras mecánicas que tan buenos resultados dan en otras partes.

Después de hecho el corte de todos los árboles el campo está en disposición de ser quemado, pero antes es indispensable trazar las guardarayas que tienen por objeto evitar que el fuego se propague más allá de la región desmontada.

El trazo de las guardarayas debe hacerse de tal manera que su orientación sea la más conveniente para que el camino que haya de recorrerse hasta las oficinas del ingenio sea el más corto.

Debe dárseles una anchura de 12 á 15 metros para facilitar la libre circulación de dos carros que caminen en sentido contrario. Después de trazados las guardarayas se procede á limpiarlas hasta que la tierra quede descubierta; en este tiempo han podido desecarse los árboles que quedaron en el campo.

Ahora bien, tanto Reynoso como otros autores, opinan que se le prenda fuego al campo tal como está, y el primero aconseja que los troncos que no hayan sido destruídos completamente durante el primer incendio se amontonen y se prenda de nuevo fuego.

En este punto es en el que se nos va á permitir que no estemos conformes con las ideas emitidas, pues creemos que lo mejor que debe hacerse es extraer del campo todos los troncos y ramas gruesas después de haberlos despojado con el machete de las ramas pequeñas y hojas, y llevarlos á un lugar á propósito en donde deben ser quemados. Vamos á fundar esta opinión.

Es un hecho innegable que por el fuego se destruye la materia orgánica de las tierras, y que una vez destruída es muy dificil restituírsela al terreno.

Es claro que si quemamos sobre el terreno los troncos de los árboles, éstos desarrollarán para su combustión una gran cantidad de calor, que llegando hasta las capas profundas de la tierra arable destruirá toda la materia orgánica que encuentre á su paso; mientras que haciendo esta incineración en un lugar limitado y destinado exclusivamente á este objeto, los efectos del calor se limitarán á una pequeña porción del terreno y de aquí podrán transportarse las cenizas y esparcirlas por todo el terreno; que se nos diga que esto origina pérdidas de tiempo y de dinero, pues es costoso el transporte de los troncos, nosotros creemos que más costoso será la depauperación de la tierra y por consiguiente inútil la operación de la tumba.

No sucede lo mismo con las hierbas pequeñas y los bejucos, pues éstos en razón de su pequeñez y la facilidad con que se desecan, arden con más rapidez y los efectos de la destrucción apenas si alcanzan una profundidad muy limitada y son pasajeros. Además, creemos que la operación así ejecutada es suficiente para destruir todos los insectos y animales pequeños que puedan encontrarse en el terreno.

Para terminar diremos que tampoco somos partidarios de la operación que consiste en no quemar el campo sino en extraer todos los productos del desmonte y amontonarlos en espera que se descompongan para aprovechar la abundante cantidad de materias orgánicas que esta descomposición produce, pues además de que sería dilatada y costosa, creemos que las materias salinas llevadas por las cenizas y la materia orgánica del suelo son bastantes para mantener durante algún tiempo la fertilidad del suelo y prolongarla mucho más allá con una buena repartición de abonos y mejoradores.

Haremos observar que al hacer la tumba deben dejarse en pie aquellos que por su situación pueden servir de abrigo. Ejecutando la operación como acabamos de indicar, nos parece que se puede llenar de una manera satisfactoria las necesidades del cultivo y sólo nos falta indicar la manera más conveniente de trazar las guardarayas y la superficie que debe dársele á los cañaverales.

El papel principal de las guardarayas es facilitar la circulación del aire, así como la de los carros que han de transportar las cañas y además evitar la propagación de algún incendio accidental ó provocado para la quema de la tumba ó de las hojas de la caña.

Antes de proceder al trazo de las guardarayas y los cañaverales debe estudiarse detalladamente la configuración del terreno para hacer la elección de la mejor orientación que debe dársele á los plantíos; también debe tenerse en cuenta la dirección de los vientos dominantes, para facilitar la aireación. La pendiente debe fijarse por medio de una nivelación con objeto de evitar la acción deslavadora de las lluvias.

No debe olvidarse que la situación de las guarda-
rayas con respecto á la fábrica del azúcar, debe ser
tal que la distancia recorrida para ir de los cañaverales á la fábrica y vice-versa sea la más corta.

Teniendo en cuenta estas consideraciones se procede
á darle al campo la división en tablas, que pueden ser
cuadradas ó rectangulares, y de una extensión variable
entre un cuarto, un tercio y un octavo de caballería.
Una vez que se ha fijado esta superficie se procede á
trazar las guardarayas, que se dividen en principales
ó maestras y en secundarias.

Las primeras son las vías de comunicación más fre-
cuentadas y se les debe dar una anchura de 12 á 15 metros; las secundarias tienen menos amplitud y pueden
alcanzar hasta 8 metros de anchura. Estas guarda-
rayas deben estar siempre en un buen estado de limpieza, procurando evitar la existencia de troconadas y
de hoyancos que hacen muy penosa la circulación de
los carros. Si es posible, deben construirse á sus lados
zanjas de desagüe para evitar que se formen lodazales
y atascaderos.

CAPITULO IX.

PREPARACIÓN DE LOS TERRENOS.

La preparación del terreno para el cultivo de la caña
de azúcar es tan variable como las localidades, y como
dice un autor, lo que se tiene por bueno en Cuba no se
practica en México y lo que aquí se hace es diferente
á lo que se ejuta en la Reunión y Guadalupe. En vista de esto nos limitaremos á hacer una breve exposi-

ción de los procedimientos de preparación que se siguen en nuestras dos regiones azucareras más importantes.

La característica del cultivo en Morelos, que forma parte de la región de los riegos, es el empleo del agua como factor indispensable y la falta de los riegos es la característica de la costa. Como se comprenderá las operaciones tienen que ser diferentes según que se trate de una ú otra.

Se entiende por labores todas aquellas operaciones que el agricultor ejecuta en sus campos con objeto de favorecer la acción benéfica de los agentes naturales sobre las plantas. La labor es el mejor procedimiento y el más barato para hacer que las tierras ya cultivadas recobren gran parte de la fertilidad que pueda haberle quitado la cosecha ó cosechas anteriores. Tiene por objeto remover las tierras para hacer que la humedad se reparta de una manera homogénea en todo el espesor de la capa arable y además facilitar la penetración de las raíces.

Con las labores se aumentan las materias útiles para la planta, pues la desagregación de las rocas es activada. Además se aumenta la porosidad de la tierra así como su poder absorbente.

En resumen, podemos decir que en igualdad de fertilidad de dos tierras será más rica en productos aquella que esté mejor labrada.

En aquellos lugares en que se acaba de practicar el desmonte es imposible la introducción del arado, pues á su paso se oponen las raíces y los troncos de los árboles que han quedado enterrados y las innumerables piedras más ó menos voluminosas que romperían el instrumento á cada paso.

En tal circunstancia hay que atenerse á lo que se pueda ejecutar, pero sin descuidar el ir preparando la tierra por la extracción de las raíces y de las piedras, á recibir los beneficios por medio del arado. El agricultor se contentará en labrar sus tierras al principio con la pala y la azada á pesar de lo costoso de la operación, pues sería peor dejar de darle á la tierra una buena removida general antes de hacer la plantación de la caña.

Cuando se trata de labrar una tierra ya trabajada y libre de los obstáculos que hemos señalado se debe hacer uso del arado.

Como modelo de labores de preparación y de siembra que deben aplicarse á la caña de azúcar, citaremos las que se practican en algunos ingenios del Estado de Morelos.

La primera operación que se hace consiste en la roturación que debe darse al campo cuando la tierra tiene el grado de humedad que parezca más conveniente para que pudiendo entrar la reja del arado con facilidad, el desmoronamiento del prisma volteado por la vertedera sea completo y rápido.

Con el arado se divide la tierra para formar las besanas ó melgas que deben tener una extensión tal que un peón pueda labrarla en un día de trabajo. La dirección de las besanas debe ser oblicua á la que tenían los surcos antiguos. Siempre se procurará que la primera raya esté colocada en la parte más alta del terreno para que la tierra de la capa arable no sea arrastrada hacia las partes inferiores por las aguas meteóricas ó las de riego.

Una vez que se ha hecho la división ó besaneo, se procede á colocar en cada una de ellas un peon con su arado y se hace comenzar la operación llamada primer fierro ó primera vuelta. En ella se tendrán en cuenta como condiciones de éxito: procurar que la faja de la tierra atacada por el arado no sea muy ancha para que el prisma de tierra sea levantado completamente y además se procurará que la tierra se vaya volteando hacia la parte del terreno por donde recibe el agua la porción que se trata de labrar, pues de esta manera se evita que las tierras sean deslavadas, debido á que en cada labor hay un ascenso de tierra que se opone al descenso á que la obligan las aguas.

Al hacer esta labor se procurará que el arado corte perfectamente la ceja de la raya anterior evitando que queden espacios ó fajas de terreno sin remover. En esta operación hay que poner todo el cuidado posible, pues generalmente los gañanes por acabar pronto y fácilmente su tarea descuidan seguir la regla prescrita, lo que trae pésimos resultados por la falta de homogeneidad con que se desarrollan las plantas.

El primer fierro debe darse con un arado que profundice de 0^m35 á 0^m40; el peón tendrá cuidado de contornear los obstáculos que se encuentren para evitar que se deteriore el arado y limpiar la reja de las hierbas y basuras que le impiden hacer una labor perfecta. Sólo se dará por bien labrada una tabla cuando el encargado de la vigilancia de los trabajos haya recorrido una por una todas las rayas trazadas.

Esta primera labor se debe comenzar á dar pocos días ántes de las primeras lluvias, pues así el terreno estará preparado, cuando éstas sobrevengan para recibir la benéfica acción del agua y estar convenientemente aireado. Además, se aprovechará el tiempo que dure entre la primera y la siguiente labor para esparcir en el terreno los abonos y mejoradores que sean necesarios.

Pasados algunos días y cuando la acción de los agentes naturales haya obrado convenientemente, ó como dicen en Morelos, que el barbecho pudra y desfleme, se comienza á dar el segundo fierro ó segunda vuelta, esperando que la tierra esté de buen punto, es decir, que no forme terrón muy grueso por estar demasiado seca; se habrá tenido la precaución de trazar las nuevas besanas en una dirección oblicua á la anterior para facilitar el desmenuzamiento de la tierra; también comenzará esta labor por la parte superior, por las mismas razones que ya dimos.

Terminado el segundo fierro se deja descansar la tierra unas dos semanas ó tres y se da después la tercera vuelta ó tercer fierro, teniendo cuidado de hacer profundizar más el arado para que la remoción se lleve hasta las capas vecinas al subsuelo.

Apenas terminada esta labor se procede á dar la cuarta y quinta vueltas, si se juzgan necesarias, pero si nó, se da inmediatamente la llamada vuelta larga que se da partiendo del punto más alto del terreno ó sea por donde se hace la toma del agua hacia el más bajo.

Algunas veces es conveniente hacer pasar la rastra y después el rollo antes de dar esta labor, con objeto de pulverizar bien los terrenos y limpiar el campo de hierba seca y de emparejarlo bien.

La operación que hemos llamado vuelta larga es, co-
·mo se comprende, una de las operaciones en que el director de las labores debe poner mayor cuidado, pues
de ella depende el buen éxito de los riegos. Como ya
dijimos, los surcos deben ir de la parte más alta á la
más baja, por lo que se verá que no siempre será posible que la línea sea recta, sino que se presentarán
casos en que tenga que describirse una curva para seguir los accidentes de la pendiente, pero procurando
siempre que la inclinación de la caja del surco no sea
ni tan limitada que no permita la circulación del agua,
en cuyo caso se formarán charcos, ni muy pronuncia-
da, porque entonces el agua correría con demasiada
violencia arrastrando la tierra hacia las partes inferiores y además se necesitaría mucha agua para el riego.

Por último se procede á dar la surcada, que se compone de tres partes llamadas en Morelos, rayado, repaso y orejera. El rayado consiste en dividir el campo
por medio de líneas equidistantes en un metro; algunos dan menor anchura, pero creemos que es errónea
preocupación fundada en una mal entendida economía.
Esta labor debe darse con el arado de doble vertedera
y con la mayor perfección posible.

Una vez que han sido trazadas las rayas de la manera indicada se procede al repaso, que como su nombre lo indica consiste en hacer pasar el arado por el
surco abierto anteriormente, de manera de profundizar-
lo más é ir formando los camellones. Esto se consigue
haciendo pasar el arado dos ó tres veces por cada raya.

Por último se da la orejera que consiste en perfeccionar la labor del repaso haciendo que los camellones
queden definitivamente trazados.

Labrado convenientemente el campo, como acabamos de indicar, sólo le faltan para recibir la simiente dos operaciones: la primera, la división en tablas y la segunda preparar convenientemente el terreno para los riegos.

La división se hace de la manera siguiente:

Se tiran líneas perpendiculares en la dirección de los surcos distantes cada una 25 varas (20^{m}95) y sobre ella se trazan puntos sobre el cordel á 40 varas de distancia (33^{m}520) dejando entre una y otra espacios de 2 varas (1^{m}676) sobre la raya más larga; por estos puntos se hacen pasar rayas perpendiculares á las anteriores con lo que el campo queda dividido en rectangulares de 1000$^{v.2}$ (702^{m}244) los que constituyen las tareas de caña.

Las calles de 2 varas de ancho que quedan entre cada tarea sirven para los riegos y reciben en Morelos el nombre de contra–apantles. A la reunión de varias tareas se le llama machuelos y la reunión de varios machuelos separados por calles de 3 varas de ancho (2^{m}514) se llama mitlapantle.

Acabada la división del terreno se procede al trazo de los canales de riego de la manera siguiente: Con coas se ahondan los teñapantles y contra–apantles ó calles de 2 varas de que ya hicimos mención, arrojando la tierra sobre los camellones y teniendo cuidado de evitar que se obstruya la entrada de los surcos, lo que impediría que el agua llegara á ellos.

Además en todo el contorno del terreno que se va á sembrar se abre una zanja de una vara (0^{m}838) 1½ varas (1^{m}048) de ancho llamada aguatencle, al cual se la da una inclinación que facilite el movimiento del agua. El bordo grueso de esta zanja debe tener tomas hechas frente á cada diez surcos. Por medio de canales de derivación llamados acholeras se hace que el agua se reparta bien en cada surco para que el riego sea bien repartido.

Como acabamos de ver por lo expuesto, la preparación del terreno para el cultivo de la caña ha alcanzado en el Estado de Morelos cierto grado de perfeccionamiento que aún no llega á nuestras regiones de la costa. Sólo haremos observar que nos parece muy limitada la distancia de un metro que se le da á los surcos, pues si en vez de ésta se la diera 1^m30 á 1^m50 se conseguiría mayor desarrollo en la planta y se aseguraría la acción de los agentes naturales.

En Yucatán se trazan en la extensión de un mecate (20^m110) de 12 á 14 surcos para la caña veteada y 8 á 10 para la habanera. También es costumbre dar una distancia de $2\frac{1}{2}$ varas (2^m095) de centro á centro de cada surco, pues la experiencia ha señalado que cuando se quieren obtener mejores resultados ha sucedido precisamente lo contrario.

Para terminar diremos, que la inclinación que deben tener los canales de irrigación, también está sujeta á variaciones según la naturaleza del terreno en que se opere. Según el Sr. Ingeniero Ruiz de Velasco la inclinación que deben tener los canales de riego es la siguiente, para las variedades de tierra indicadas.

Terreno arenoso.......... 0^m0025 por metro.
Tierra suelta .... 0.0010 „

Arcillo arenosa y atocle.   0.0025   „
Arcilla pura..............   0.0050   „
Terrenos húmedos.

Con estos datos, unidos á las observaciones particulares de cada cultivador, se podrá fijar la verdadera
inclinación de los surcos, pues esta operación es muy
importante, al grado de que algunas veces por una excesiva pendiente el pie de las plantas queda descubier-
to, lo que trae resultados perjudiciales en sumo grado.

CAPÍTULO X.
Abonos.

Hemos llegado á la parte más trascendental de nuestro trabajo, tanto por la capital importancia que desde
el punto de vista de la Tecnología y de la práctica agrícola tienen los abonos, cuanto por ser éste un punto
muy descuidado en el país, en·donde apenas son conocidas las palabras restitución y cultivo intensivo y
en donde imperan las ideas más absurdas sobre el papel de la tierra y de los abonos.

Una de las principales causas de este lamentable estado es la decantada prodigiosa fertilidad de nuestras
tierras. En ellas se descuidan cuantos agricultores son
preguntados por la clase y calidad de los abonos que
emplean en sus explotaciones. Infinidad de veces hemos oído decir: ¿Para qué necesitamos nosotros de los
abonos si el suelo de la América es infinitamente fértil? Está bien que los pobres europeos gasten su dinero en abonar sus tierras que ya están gastadas, pero

nosotros, ¿para qué? Y no se crea que estas teorías son únicamente de los labradores ignorantes, sino también de los que se precian de más ilustrados en cuestiones de agricultura.

Como consecuencia de este estado no hay en la República ni una sola fábrica de abonos, pues la única que había tuvo que suspender sus trabajos, á más de otras causas, porque sus productos no tuvieron ninguna demanda.

Dadas estas condiciones, vamos á emprender el estudio de los abonos propios para la caña, seguros de que, aunque incompletos, podrá prestarles algunos servicios á los agricultores que se encuentren con suficiente talento y valor para forzar la secular muralla del empirismo, que mantiene encerrada nuestra agricultura nacional en los estrechos límites que le impuso la dominación española, y que sólo á costa de sacrificios inauditos algunos espíritus elevados están procurando ponerla al nivel de la moderna civilización.

Sirvan estas cortas palabras de explicación al objeto que nos proponemos al emprender el estudio detallado de la importante cuestión de los abonos propios para la caña, y entremos en materia.

CÁLCULO DEL AGOTAMIENTO DEL SUELO POR EL CULTIVO DE LA CAÑA DE AZÚCAR.

Composición mineral de la caña.—El objeto principal de haberle dado cierta extensión al estudio que hicimos de la composición química de la caña, fué ponernos en estado de poder calcular, lo más exactamente

posible, el agotamiento que produce el cultivo de la
caña en los principios alimenticios que contiene la tierra. Calculado este agotamiento, el único medio de suministrarle á la planta los elementos necesarios para
su crecimiento y completa elaboración del azúcar, son
los abonos que bajo forma de restitución se le dan al
terreno.

Las principales substancias minerales contenidas en
la caña, son: sílices, potasa, magnesia, cal, sosa óxido
de hierro, cloro, ácidos fosfórico y sulfúrico; la potasa
y el cloro que existen en grandes proporciones en la
caña tierna disminuyen progresivamente á medida que
la caña se acerca á la madurez, debido á que los retoños extraen la potasa y el cloro que le son necesarios,
del tallo que los produce.

Se ha observado que entre los 15 y 20° de latitud,
las cañas contienen, un año después de su plantación,
el máximum de cloruros alcalinos, ácido fosfórico, potasa y cloro, y que estas cantidades comienzan á dis-
minuir en adelante y principalmente los cloruros alcalinos. A los catorce meses las cañas alcanzan el máximum de riqueza en cal, magnesia y ázoe, que poco
después comienzan á decrecer también.

Haremos notar, además, que siempre la parte superior del tallo es mucho más rica en materias minerales
que la parte inferior.

Para calcular la cantidad de materias minerales quitadas al terreno por las cosechas, puede hacerse uso de
las siguientes tablas sacadas de la obra de Sgot "Cultivos Tropicales," en la parte escrita por el Profesor
Roul, sobre la caña de azúcar:

Caña de azúcar.—8

COMPOSICIÓN CENT. DE LA CENIZAS (CAÑAS).

	1	2	3	4	Medias.
Acido fosfórico......	5.32	16.51	15.53	9.86	11.76
Acido sulfúrico......	8.04	7.85	8.94	7.35	8.05
Cloro.................	1.35	0.10	0.10	0.45	0.50
Cal...................	10.15	7.52	7.13	12.48	9.32
Magnesia	10.34	72.91	12.55	10.59	11.60
Potasa...............	14.23	11.93	17.30	8 67	13.04.
Sosa.................	0.53	0.77	1.96	0.31	0.90
Oxido de hierro	0.95	1.14	0.82	0.52	0.83
Sílice................	49.09	41.27	35.87	49.77	44.00
	100.00	100.00	100.00	100.00	100.00

COMPOSICIÓN CENT. DE LAS CENIZAS (HOJAS).

	1	2	3	4	Medias.
Acido fosfórico......	4.08	7.01	8.62	6.73	6.67
Acido sulfúrico.......	3.18	7.07	7.12	3.78	5.29
Cloro.................	6.57	8.49	4.70	6.63	6.60
Cal	7.32	6.27	7.00	9.96	7.64
Magnesia.............	4.77	4.59	6.13	4.77	5.05
Potasa...............	24.62	30.93	25.35	29.45	27.58
Sosa	1.59	0.17	2.33	1.34	1.32
Oxido de hierro.....	0.27	0,87	0.58	1.17	0.72
Sílice................	47.60	34.65	38.27	36.17	39 18
	100.00	100.00	100.00	100.00	100.00

Composición de 1,000 kilogramos de caña.

	1	2	3	4	Medias.
	Kilogr.	Kilogr.	Kilogr.	Kilogr.	Kilogr.
Acido fosfórico	0.690	1.100	1.371	1.050	1.053
Acido sulfúrico	0.537	1.110	1.132	0.590	0.842
Cloro	1.110	1.330	0.747	1.034	1.055
Cal	1.237	0.990	1.113	1.554	1.223
Magnesia	0.806	0.710	0.975	0.744	0.819
Potasa	4.161	4.860	4.031	4.594	4.411
Sosa	0.269	0.020	0.354	0.209	0.213
Oxido de hierro	0.046	0.140	0.092	0.182	0.112
Sílice	8.044	5.440	6.085	5.643	6.303
Materia mineral total	16.900	15.700	15.900	15.600	16.025
Ázoe	1.500	1.230	1.370	2.050	1.532

Composición mineral de 1,000 kilogramos de hojas.

	1	2	3	4	Medias.
	Kilogr.	Kilogr.	Kilogr.	Kilogr.	Kilogr.
Acido fosfórico	0.690	1.100	1.371	1.050	1.053
Acído sulfúrico	0.537	1.110	1.132	0.590	0.842
Cloro	1.110	1.330	0.747	1.034	1.055
Cal	1.237	0.990	1.113	1.554	1.223
Magnesia	0.806	0.710	0.975	0.744	0.819
Potasa	4.161	4.860	4.031	4.594	4.411
Sosa	0.269	0.020	0.354	0.209	0.21g
Oxido de hierro	0.046	0.140	0.092	0.182	0.112
Sílice	8.044	5.440	6.085	5.643	6.303
Materias minerales totales	16.900	15.700	15.900	15.600	16.025
Azoe	1.500	1.230	1.370	2.050	1.532

COMPOSICIÓN DE 1,000 KILOGRAMOS, SUBSTANCIA SECA (CAÑAS).

	1	2	3	4	Medias.
	Kilogr.	Kilogr.	Kilogr.	Kilogr.	Kilogr.
Acido fosfórico......	0.591	2.179	1.947	1.045	1.440
Acido sulfúrico......	0.892	1.036	1.135	0.779	0.960
Cloro..................	0.150	0,013	0.013	0.048	0.056
Cal	1.127	0.993	0.905	1.323	1.087
Magnesia..............	1.148	1.704	1.594	1.122	1.392
Potasa.................	1.579	1.575	2.197	0.919	1.568
Sosa	0.059	0.102	0.249	0.033	0.106
Oxido de hierro.....	0.105	0.150	0.104	0.055	0.104
Sílice..................	5.499	5.448	4.556	5.276	5.162
Materias minerales totales..............	11.000	13.200	12.700	10.600	11.875
Ázoe...................	1,860	1.330	1.150	1.680	1.430

COMPOSICIÓN de 1,000 KILOGRAMOS, SUBSANCIA SECA (HOJAS).

	1	2	3	4	Medias.
	Kilogr.	Kilogr.	Kilogr.	Kilogr.	Kilogr.
Acido fosfórico......	2.713	4.100	5,293	3.446	3.893
Acido sulfúrico......	2.155	4.140	4.361	1.974	3.153
Cloro..................	4.369	4.970	2.886	3.414	3.910
Cal......................	4.868	3.670	4.298	5.129	4.491
Magnesia	3.172	2.650	3.764	2.457	3.011
Potasa................	16.372	18.100	15.565	15.167	16.301
Sosa	1.057	0.100	1,369	0.690	0.804
Oxido de hierro.....	0.179	0.500	0.359	0.602	0.409
Sílice..................	31.655	20.270	23.498	18.628	23.503
Materias minerales totales..............	66.500	58.500	61.400	51.500	59.475
Azoe...................	5.900	20.270	5.300	6.870	5.467

Estas tablas son debidas á Boname, y los grupos de-
signados por 1, 2, 3 y 4 han sido obtenidos en las siguientes condiciones:

1, representa un análisis hecho en los primeros retoños de once meses; 100 kilogr. de cosecha dan 70.12
de cañas despuntadas, y 10.33 kilogr. de hojas 2 y 3
primeros retoños de once meses; 100 kilogr. de caña
dan: cañas despuntadas 34 kilogr.

4, quintos retoños de doce meses; 100 kilogr. de caña dan: cañas despuntadas 76 kilogr.; plantas 10 kilogramos y 14 kilogr. de hojas.

Las mismas anotaciones corresponden á la siguiente tabla, también debida á Boname:

Materias minerales quitadas á una hectárea de terreno por una cosecha de 50.000 kgs. de cañas despuntadas.

	Peso de la cosecha		Azoe.	Acido fosfórico.	Acido sulfúrico.	Cloro.	Cal.	Magnesia.	Potasa.	Sosa.	Oxido de fierro.	Silice.	Materias minerales totales.
	Fresca.	Seca.											
	kil.	kil.	kil.	kil.	kil.	kil.	kil.	kil.	kil.	kil.	kil.	kil.	kil.
1° Cañas.....	50.000	13.640	25.000	8.000	12.050	2.000	15.200	15.500	21.350	0.800	1.400	73.700	150.000
Plantas...	8.230	1.575	3.290	4.839	6.617	10.724	5.769	8.600	28.714	0.181	0.305	29.719	95.468
Hojas......	13.070	3.227	19.605	9.108	7.018	14.508	16.168	10.534	54.385	3.313	0.611	105.046	220.833
Total...	71.300	18.542	47.895	21.947	25.685	27.252	37.137	34.634	104.449	4.496	2.316	208.465	466.351
2° Cañas.....	50.000	14.895	15.000	32.200	15.300	0.200	14.650	25.130	23.250	1.500	2.250	80.500	195.000
Hojas......	25.500	6.846	31.365	28.050	28.305	33.915	22.245	18.105	123.930	0.510	3.570	138.720	400.350
Total...	75.500	21.740	46.365	60.250	43.605	34.115	39.895	43.255	147.180	2.010	5.820	119.220	595.350
3° Cañas.....	50.000	15.670	17.500	21.900	17.450	0.200	13.900	24.450	33.750	3.800	1.600	69.950	195.000
Hojas......	25.500	6.609	34.933	34.961	28.866	19.049	28.381	24.862	102.790	9.027	2.346	155.168	405.450
Total...	75.500	22.279	52.435	64.861	46.316	19.249	42.281	49.312	136.540	12.827	3.946	225.118	600.450
4° Cañas.....	50.000	17.730	25.500	15.800	11.750	0.700	19.950	16.950	13.850	0.500	0.856	79.650	169.000
Plantas...	6.570	1.110	8.081	5.492	5.545	5.131	4.711	4.172	18.856	1.905	0.309	24.835	70.956
Hojas......	9.216	2.307	18.880	9.670	5.434	9.523	14.313	6.852	42.311	1.925	1.676	51.972	143.076
Total...	65.786	21.747	52.461	30.962	22.729	15.353	38.974	27.974	75.017	4.330	2.835	156.457	374.632

*Cálculo del agotamiento del suelo por las hojas deseca-
das.*—Como se verá por los análisis anteriores, sólo hemos indicado la composición mineral de la caña en el
momento de cortarla, pero si calculamos el agotamiento de los terrenos con estos datos, solamente resultará
un notable error en menos, pues no hemos tenido en
cuenta las substancias quitadas por las hojas caídas, y
este dato es de suma importancia, pues aunque vuelvan
á la tierra después de secas, siempre hay una pérdida
en materias fertilizantes que es necesario conocer para
asentar las bases de una buena restitución.

En vista de esto vamos á reproducir en seguida algunos análisis hechos en hojas desecadas y desprendidas
naturalmente de la planta durante las diversas fases
de su vegetación.

Desde luego haremos notar que en estas hojas sólo
hay un cuarto de la cantidad de ázoe y un quinto de
la de potasa que existe en las hojas frescas.

En cambio la proporción centesimal de sílice es mucho mayor.

Comparación de las hojas verdes con las secas.

(Composición centesimal de las cenizas).

	1		2		
	Hojas verdes.	Hojas secas.	Hojas verdes.	Hojas secas.	Media de dos secas.
Acido fosfórico.....	3.66	191	573	269	2.30
Acido sulfúrico.....	3.66	273	408	365	3.19
Cloro..............	4.30	011	443	041	0.26
Cal................	4.34	470	679	829	6.49
Magnesia	3.56	140	407	318	2.29
Potasa.............	10.81	263	2195	577	4.20
Sosa...............	0.63	032	108	162	0.97
Oxido de hierro...	1.02	106	092	139	1.23
Sílice	68.32	8514	7300	7300	79.17

Cenizas de 1,000 kilos de materia seca.

	1		2		
	Hojas verdes.	Hojas secas.	Hojas verdes.	Hojas secas.	Media de dos secas.
	Kilos.	Kilos.	Kilos.	Kilos.	Kilos.
Acido fosfórico.....	25.73	1.232	3.628	1.154	1.198
Acido sulfúrico.....	23.62	1.761	2.579	1.566	1.664
Cloro	30.23	0.071	2.800	0.176	0.123
Cal	30.51	3.031	4.291	3.557	3.299
Magnesia	2.503	0.903	2.573	1.364	1.133
Potasa...............	7.599	1.096	13.872	2.475	2.086·
Sosa.................	0.443	0.206	0.682	0.695	0.450
Oxido de hierro...	0.717	0.684	0.581	0.596	0.640
Sílice	48.029	54.916	32.195	31.317	43.107
Materias minerales totales............	70.300	64.500	62.200	42.200	53.700
Azoe...............	4.580	3.280	6.100	5.300	4.290

El peso de una hoja verde enteramente desarrollada se calcula de 25 á 45 gramos, y el peso de la materia seca de una hoja en 9.45 gramos. Si agregamos que cada tallo tiene por término medio, en el momento de la cosecha, 21 nudos descubiertos, resulta que á razón de 40,000 tallos por hectárea, han caído al suelo 840,000 hojas que representan 29,400 kilos.

En estos datos es fácil calcular el agotamiento que proviene de las hojas caídas, como se ve en la siguiente tabla calculada bajo el supuesto de que han debido caer 840,000 hojas.

Composición de las hojas caídas durante el cultivo.

(Bonâme).

Acido fosfórico 9.521
Acido sulfúrico.................................... 13.209

Cloro...	0.976
Cal...	26.187
Magnesia..................................	8.999
Potasa....................................	16.559
Sosa.......................................	3.572
Oxido de hierro	5.080
Sílice.....................................	342.384
Materias minerales totales...........	426.469
Azoe.......................................	34.054

Debemos hacer notar que estas cifras son siempre inferiores á la realidad, porque las lluvias quitan por lavado ó difusión gran parte de las materias minerales solubles contenidas en las hŏjas.

Para calcular el agotamiento total producido por una cosecha, bastará sumar las cifras que provienen de las hojas secas con las que hemos señalado para los tallos y las hojas.

Un último problema nos falta por resolver y á ello vamos á dedicar algunas líneas antes de entrar á la parte práctica de la aplicación de los abonos.

A su debido tiempo nos ocuparemos de estudiar el corte de la caña, teniendo en cuenta su mayor riqueza sacarina, pero ahora se nos ocurre esta pregunta:

¿Cuál es la mejor época para el corte de la caña desde el punto de vista del agotamiento mínimo del suelo?

Para resolver tan importante cuestión nos limitaremos á reproducir las dos siguientes tablas; debidas á Roul, el que ha determinado mes por mes la marcha progresiva de los elementos minerales de los tejidos de la caña.

Estas tablas se refieren á una cosecha entera y han sido calculadas bajo las siguientes bases: 50,000 tallos por hectárea ó sean 161,722 kilos, de los que 121,700 kilos corresponden á las cañas despuntadas; las cañas fueron plantadas en Diciembre y abonado el terreno con 1,390 kilos de abono con 70 por ciento de ázoe, 6 por ciento de potasa y 8.75 por ciento de ácido fosfórico.

Composición de la cosecha en diversas épocas (cañas y hojas). Rendimiento supuesto 50,000 tallos por hectárea.

	Cosecha fresca. Planta entera.	Cosecha seca. Planta entera.	Cenizas.	Azoe.	Acido fosfórico.	Acido sulfúrico.
	KIL.	KIL.	KIL.	KIL.	KIL.	KIL.
1879. 20 de Julio............	53,025	80,085	348,716	32,552	26,446	16,063
„ 20 de Agosto..........	105,950	13,605	586,068	40,026	45,547	26,583
„ 22 de Septiembre...	125,600	20,525	705,202	62,842	69,789	29,135
„ 28 de Octubre.......	151,050	29,748	887,382	102,610	90,286	47,771
„ 25 de Noviembre...	168,780	37,610	1.354,402	148,240	138,744	40,745
„ 25 de Diciembre.....	165,960	41,414	1.375,855	167,669	136,693	48,547
1880. 28 de Enero..........	160,420	46,627	1.515,632	189,383	132,870	49,772
„ 28 de Febrero.......	166,366	49,570	1.583,870	210,327	123,223	61,350
„ .8 de Abril..........	161,722	46,895	1.469,346	154,984	130,854	35,277

Composición de la cosecha en diversas épocas (cañas y hojas). Rendimiento supuesto 50,000 tallos por hectárea.

	Cloró.	Potass.	Sosa.	Cal.	Magnesia.	Sílice.
	KIL.	KIL.	KIL.	KIL.	KIL.	KIL.
1879. 20 de Julio............	24,066	20,270	2,893	21,637	17,149	43,627
" 20 de Agosto.........	20,793	109,765	6,893	41,485	37,939	284,101
" 22 de Septiembre...	29,423	134,338	7,094	49,126	44,146	328,248
" 28 de Octubre.......	34,820	108,258	16,192	65,059	68,093	425,921
" 25 de Noviembre...	54,995	296,771	20,098	84,968	71,745	629,939
" 25 de Diciembre.....	63,826	336,169	26,774	94,214	80,150	576,236
1880. 28 de Enero.........	58,710	252,767	21,163	132,120	128,084	723,520
" 28 de Febrero........	58,389	241,499	20,798	158,850	140,504	872,723
" 8 de Abril..........	57,929	240,356	20,626	125,972	115,617	724,097

117

COMPOSICION DE 1,000 KILOGRAMOS DE MATERIA SECA.

CAÑAS

	Cenizas totales.	Azoe.	Acido fosfórico.	Potasa.	Cloro.	Cal.	Magnesia.
	KIL.	KIL.	KIL.	KIL.	KIL.	KIL.	KIL.
Julio...............	34,150	2,625	4,280	7,750	3,108	2,993	3,100
Agosto............	20,125	2,912	2,428	3,860	1,400	1,412	1,849
Septiembre.........	17,660	2,880	2,692	2,875	0,381	0,900	1,225
Octubre............	14,101	1,784	2,726	2,986	0,705	0,864	1,732
Noviembre.........:	18,904	3,315	3,315	4,752	0,327	1,080	1,195
Diciembre..........	18,000	2,355	2,853	3,937	0,407	1,200	1,368
Enero.............	17,450	31,145	2,387	1,817	0,429	1,778	2,183
Febrero............	13,350	2,543	2,180	0,891	0,060	2,069	2,352
Abril..............	17,080	2,350	1,740	0,844	Huellas	1,770	1,917

COMPOSICION DE 1,000 KILOGRAMOS DE MATERIA SECA.

HOJAS

	Cenizas totales.	Azoe.	Acido fosfórico.	Potasa.	Cloro.	Cal.	Magnesia.
	KIL.	KIL.	KIL.	KIL.	KIL.	KIL.	KIL.
Julio...............	41,879	4,440	2,854	8,344	2,928	2,610	1,748
Agosto............	63,354	2,817	4,020	11,001	2,278	4,653	3,505
Septiembre........	62,944	4,536	4,448	22,284	2,808	5,051	3,376
Octubre...........	57,890	7,066	3,264	9,112	3,009	4,756	3,024
Noviembre.........	80,355	5,350	3,984	3,837	4,090	5,205	3,254
Diciembre.........	73,014	8,400	4,172	16,082	4,800	5,500	2,946
Enero	71,813	6,080	3,973	13,510	2,751	5,888	4,392
Febrero...........	74,753	8,330	3,200	12,710	2,845	5,390	3,528
Abril.............	71,000	5,910	5,500	16,964	4,100	5,267	3,736

Estas tablas dicen por sí solas más de todo lo que pudieramos agregar nosotros para resolver el punto de que tratamos, y sirviéndose de ellas en combinación con las otras indicaciones generales relativas al corte, es fácil conseguir que la tierra se empobrezca menos pronto y que sean menos crecidos los gastos de abonos.

Bases de la restitución.

Para precisar los términos de la cuestión, creemos necesario recordar los hechos capitales que deben tenerse presentes en esta operación.

En general, 1,000 kilogr. de cañas manufacturables corresponden á 538 kilogr. de hojas en el momento de la cosecha; además, han caído por diversas causas, durante el crecimiento, 3,810 hojas con un peso medio cada una de 35 gramos, lo que da un total 130 kilogramos 350.

Si calculamos que el rendimiento en bagazo corresponde á 250 kilogr. y que tienen 122.50 kilogr. de humedad, 115 de leñoso, 11 de azúcar y 1.50 de materias minerales, tenemos que los 1,000 kilogr. de cañas contienen por término medio:

	Kil.
Azoe	0.420
Materia mineral	3.664

Si reducimos á la misma media la totalidad de las hojas caídas y de las cosechadas, tendremos por total 661.35 kilogr. de hojas, que corresponderán también á 1,000 kilogr. de cañas.

Estas contienen:

Kil.

Azoe............................ 0.9̄50

Materias minerales........... 9.581

Los 250 kilogr. de bagazo contienen por término medio:

Kil.

Azoe......... .... 0.3̄10

Materias minerales.......... 1.300

Para la restitución debemos considerar dos casos principales que pueden presentarse en la práctica:

1º Pueden dejarse en el terreno todas las hojas y restituir el bagazo juntamente con las espumas que provengan de la defecación.

2º Se queman el bagazo y las hojas, no dándole campo sino las cenizas y espumas.

En el primer caso pueden enterrarse las hojas inmediatamente después de cortadas ó mezclarlas con abonos compuestos.

En la primera manera de proceder, que es la que nos parece más racional, se restituye al suelo la totalidad de lo que se le ha quitado menos lo que se encuentra en el azúcar y las melazas.

La pérdida sufrida por los principios contenidos en las melazas, será neutralizada en gran parte si se emplean las vinazas de la destilación para humedecer los abonos antes de derramarlos en el suelo.

Si se le restituye al suelo lo que ha perdido por la producción de hojas, bagazo, espumas y vinazas, la pérdida que sufre el suelo es insignificante, pues sólo una parte del carbono es la única que no se le restituye por haber entrado bajo forma de azúcar ó de alcohol al torrente comercial.

Cuando las espumas se emplean para la alimentación del ganado, como sucede generalmente en el país, la restitución se verifica poniendo en el terreno el estiércol de los animales.

Si calculamos un 19.20 por 100 en azúcar por 144 kilogr. de guarapo de 1.000 kilogr. de caña, el carbono que ha desaparecido en el azúcar y las melazas, será igual á 60.631 por 1.000 de caña.

En general podría bastar el ácido carbónico del aire para hacer la restitución de este carbono; pero siempre es indispensable suministrarle carbono á la tierra bajo forma de despojos vegetales, y con este objeto es muy conveniente hacer uso de abonos verdes.

El segundo caso que hemos considerado, es decir, cuando se queman las hojas y el bagazo, no dándole á la tierra más que las cenizas y las espumas, es más difícil de resolver; en efecto, por la incineración de las hojas y el bagazo hay destrucción de todo el carbono y pérdida de la totalidad del ázoe, que puede valuarse en 420 gramos de ázoe por 1.000 kilogr. de cañas.

Por otra parte, como no sólo debe proponerse el agricultor estar sometido á una producción constante, sino que debe aspirar á aumentar la riqueza de sus tierras para estar prevenido contra las contingencias que puedan sobrevenirle, debe de hacer llegar el suelo á un estado de riqueza creciente, tal que los rendimientos alcancen el máximum. Esta consideración nos hace aconsejar que siempre se haga la restitución con otros productos fertilizantes sin tomar en cuenta la composición del bagazo, las hojas, las espumas etc.; de esta manera se aumenta sin cesar la riqueza de la tierra.

Caña de azúcar.—9

Si se toman en consideración estas observaciones deben llevarse al terreno abonos que representen 420 gramos de ázoe, todo el carbono y 3.667 kilogr. de materias minerales por 1.000 kilogr. de cañas cosechadas; es preciso añadir á estas cantidades las correspondientes á las hojas, que son 950 gramos de ázoe y 9.581 de materias minerales.

El total de materias fertilizantes será:

	Kil.
Azoe	1.370
Materias minerales	13.245

Si partimos de la composición media de las diversas partes de la caña, indicadas en el siguiente cuadro, para calcular las materias fertilizantes minerales quitadas á la tierra por 1.000 kilogramos de caña, tendremos:

	Cañas. Kil.	Hojas. Kil.	Total. Kil.
Acido fosfórico	0.413	0.700	1.113
Acido sulfúrico	0.302	0.562	0.864
Cloro	0.103	0.787	0.890
Cal	0.281	0.691	0.972
Magnesia	0.308	0.467	0.775
Potasa	0.888	3.202	4.090
Sosa	0.039	0.272	0.311
Oxido de hierro	0.028	0.061	0.089
Sílice	1.302	2.839	4.141

Por consiguiente, habrá necesidad de darle á la tierra para una restitución total por 1.000 kilogr. de cañas cosechadas, sin contar el carbono:

Kil.

Azoe.................... .... 1.370

Substancias minerales.

- Acido fosfórico.......... 1.113
- Acido sulfúrico....... 0.864
- Cloro.................... 0.890
- Cal 0.972
- Magnesia................ 0.775
- Potasa 4.090
- Sosa...... .... 0.311
- Oxido de hierro........ 0.089
- Sílice................... 4.141

13.245

Total.. ...... 14.615

Procediendo de la manera que hemos indicado se enriquecerá el suelo de todas las materias minerales, transformadas por el vegetal que provienen de las hojas y el bagazo, quemados ó no, de las demás partes de la caña, las vinazas, etc. Además, se introduciría en la tierra una cantidad de ázoe y de carbono igual á la que ha sido el resultado ae la elaboración vegetal. Los abonos suplementarios constituirán un caudal de enriquecimiento que será el punto de partida del aumento de la producción.

Partiendo de que deben obtenerse cosechas de 80.000 á 120.000 kilogr. de caña por hectara como término medio, la proporción y composición del abono de restitución que conviene darle al terreno por una hectara de superficie, para obtener constantemente estas cifras, será: .

Composición y proporciones teóricas del abono necesario para que una hestara de terreno produzca 100.000 kilogramos de caña.

			KU.
Azoe..			117.00
	Acido fosfórico..........	111.30	
	Acido sulfúrico..........	86.40	
	Cloro.........................	89.00	
	Cal............................	97.20	
Materias minerales.	Magnesia....................	77.50	1324.50
	Potasa.......................	409.00	
	Sosa,........................	31.10	
	Oxido de hierro........	8.90	
	Sílice.......................	414.10	

Total 1461.50

Estas cantidades, tomadas de la obra de Basset, corresponden á una cantidad de abono hidratado, cuya proporción será fácil establecer cuando diversas cuestiones accesorias hayan sido tomadas en consideración. En cuanto á la caña de azúcar, debemos hacer notar que no hay necesidad de poner la sílice en la composición de los abonos, porque todos los terrenos contienen más sílice de la que es necesaria para infinidad de cosechas; lo mismo podemos decir para el fierro.

En cuanto á la sosa, se sabe que este óxido obra sobre la vegetación de una manera análoga á la potasa, pero su presencia en el jugo contribuye á favorecer la inversión de una parte del azúcar cristalizable, y por consiguiente aumentar la cantidad de melazas. Principalmente en nuestras costas, como el aire está cargado constantemente de partículas salinas cuya base es casi siempre la sosa, esta materia no es indispensable en los abonos; además de las sales sódicas faltan muy rara vez en los terrenos.

En cuanto al cloro, bajo la forma de cloruro de sodio y de cloruro de potasio, se ha discutido mucho sobre su utilidad en los abonos, pues mientras Basset se declara enemigo de ellos, Mr. Bonâme se declara partidario del cloruro de potasio; pero recomendando que se le use con precaución, pues su empleo no ofrece ningún inconveniente cuando el abono es repartido en tiempo oportuno.

El inconveniente principal que se le achaca á los cloruros es la de retener una proporción considerable de azúcar en las melazas, lo que es una causa de pérdida considerable y constituye una gran dificultad para el tratamiento de las mieles y para las cristalizaciones secundarias.

Según el Profesor Basset, los cloruros retienen dos equivalentes de azúcar. Así, 730.40 de sal marina, Cl. Na., retienen en las mezclas 4.275 de azúcar; 923.13 de cloruro de potasium Cl. K., retiene igualmente 4.275 partes de azúcar cristalizable; 1 gramo de sal marina retiene en las melazas 5.85 gramos de azúcar y 1 gramo de cloruro de potasio inmoviliza 4.58 gramos de azúcar. En otros términos, 1 de cloro transforma en incristalizable 9.64 de azúcar prismática.

Como si esto no bastara, el mismo autor asegura que el empleo del cloruro de potasio coincide con un aumento de glucosa en el guarapo, según la proporción de 0.43 á 0.49 por 100.

Atendiendo á estas razones, se debe estudiar y meditar detenidamente el empleo del cloruro de potasio, y en caso necesario puede hacerse entrar la potasa en los abonos bajo otra forma que no sea el cloruro.

Teniendo en cuenta estas consideraciones, sólo tendremos que restituir á la tierra por cada 1.000 kilogramos de cañas cosechadas.

Azoe.. 1.370 KU.

Materias minerales. { Acido fosfórico.............. 1.113 } 7.814
Acido sulfúrico............ 0.864
Cal........................... 0.972
Magnesia.................... 0.775
Potasa..................... 4.090

Total... 9.184

Por consiguiente, cualquiera que sea el abono empleado por el cultivador debe contener siempre por lo menos todas las substancias que constan en la tabla anterior y en las proporciones indicadas.

Creemos que todo lo que llevamos dicho será suficiente para darse cuenta de la importancia de la restitución para poder determinar las cantidades de abono para cada uno de los casos que hemos señalado.

Para terminar diremos, que Mr. Delteil señala las proporciones siguientes para una hectara:

Azoe...................... de 50 á 80 kilogr.
Acido sulfúrico......... „ 80 á 100 „
Potasa.................... „ 40 á 80 „

Debemos advertir que aunque estas cifras son suficientes para la práctica general, no están muy de acuerdo con las condiciones que hemos señalado para la verdadera y completa restitución, pues si consideramos que todos los productos, tallos, hojas, residuos, etc., han sido definitivamente substraidos del terreno, lo que muy rara vez sucede, tendremos que las cantidades de

Delteil corresponderán á cosechas de 47.000 kilogramos con relación al ázoe; de 80.000 por relación al ácido fosfórico y de 67.000 con relación á la potasa.

Este desacuerdo, entre la producción y las cantidades señaladas, nos hace ver que es de suma importancia calcular el peso de los componentes del abono, de manera que correspondan á un peso dado de cosecha por hectara. Cuando el terreno encierre alguno de los elementos señalados pueden hacerse variar las cantidades indicadas. No obstante, cuando se quiera mantener la tierra en un estado permanente de fertilidad, la restitución debe ser completa.

Abonos propios para la caña.

Con objeto de hacer práctico este estudio, sólo nos ocuparemos de aquellos abonos que el agricultor pueda procurarse en la misma hacienda ó á precios reducidos fuera de ella; no nos meteremos á estudiar los abonos químicos, porque estamos convencidos de que nuestro trabajo sería inútil dada la total escasez de ellos en el país, lo que haría necesaria su importación ó su preparación especial con productos extranjeros, siempre caros, y, por consiguiente, fuera del alcance de nuestros cultivos extensivos, pues siendo los abonos un préstamo que se le hace á la tierra, cuando ésta no puede devolver ni el capital ni los réditos, el empleo de los abonos es una operación antieconómica.

En vista de estas circunstancias comenzaremos por ocuparnos de los abonos verdes; después veremos la restitución del bagazo y terminaremos con el empleo

de los estiércoles. El agricultor que por sus condiciones especiales esté en aptitud de poder emplear abonos más concentrados y rápidos en su acción, consultará en cada caso obras especiales sobre la materia, recomendándole muy especialmente la que sobre abonos
en general escribió el Sr. Aniceto Llorente y como especial para la caña de azúcar la muy interesante de
Mr. N. Basset.

Abonos verdes.

El uso de los abonos verdes consiste en sembrar en
el terreno que desea abonarse una planta de rápido
crecimiento, cuyas ramas se extienden en el suelo y enterrarla en el momento de la floración para que descomponiéndose en la tierra le devuelva á más de los
principios que de ella ha tomado, los que ha substraído
de la atmósfera.

A primera vista parece ilusorio el enriquecimiento
de la tierra producido por este método, pues todos los
principios minerales que la planta contiene han sido
tomados íntegramente del terreno, pero si nos fijamos
en un hecho capital, cual es el de la solubilización de
estos principios minerales, vemos que si en realidad la
planta no le lleva al terreno ninguna cantidad nueva
de materias minerales, sí transforma las que en ellas
se encuentran al estado insoluble en soluble y por consiguiente los pone en un estado más directamente asimilable por la planta.

Si además se tiene en cuenta que la fijación del carbono y del ázoe atmosférico es un hecho propio de la
planta cultivada como abono, principalmente si se hace

uso de alguna leguminosa, vemos que siempre hay ganancia de principios útiles.

Por último, la acción que sobre las propiedades físicas de la tierra tienen los abonos verdes es bastante no sólo para justificar su empleo, sino para exigirlo en muchos casos como único medio de mejorar esas propiedades.

Como ya dijimos, los abonos verdes no enriquecen al suelo en principios minerales sino que los transforman haciéndolos directamente asimilables por la caña, pero además de esta acción, que podemos llamar direca, tiene otra que calificaremos de indirecta, y es la que consiste en la transformación al estado de mantillo de las sales insolubles en solubles y fertilizantes. Aclaremos este punto.

Las plantas verdes al ser enterradas se descomponen produciendo grandes cantidades de ácido carbónico que disolviéndose en el agua va á obrar sobre los carbonatos insolubles y los transforma en bicarbonatos solubles; esta notable acción contribuye de una manera poderosa á la desagregación de las rocas del subsuelo y enriquece en arcilla la capa arable. Además la producción del humus hace que los principios azoados bajo sus diversas formas insolubles se transformen en solubles, tanto por reacciones químicas bien conocidas como por la acción de los microorganismos, que producen el notable fenómeno de la nitrificación.

El enriquecimiento de la tierra en humus es tan importante que de nada serviría tener grandes cantidades de materias minerales almacenadas en la capa arable, pues sin la presencia del humus las materias minerales en vez de ser beneficiosas son perjudiciales, pues llevan á la tierra á tal grado de infertilidad que la hacen impropia para el cultivo.

Este hecho es tan cierto que se ha podido decir que "el humus reemplaza de una manera ventajosa en la tierra á todos los químicos del mundo puesto que sin gasto alguno hace muy bien lo que los químicos hacen muy mal y con mucho gasto." (Basset.)

En vista de estas circunstancias el empleo de los abonos verdes es uno de los procedimientos más adecuados para enriquecer el terreno de algunos principios importantes y de hacer asimilables los que no lo son y, por último, procurar el enriquecimiento en mantillo y mejorar sus propiedades físicas. Haremos observar que no todas las plantas son propias para ser empleadas como abonos verdes, sino que deben satisfacer estas condiciones.

1º Ser apropiadas á las condiciones de clima y de terreno de la localidad.

2º Ser poco exigentes en materias fertilizantes.

3º De crecimiento rápido, fácil y poco costoso cultivo.

4º Estar provistas de abundante follaje y de raíces pivotantes.

5ª Que se extraigan de la atmósfera la mayor parte de sus elementos nutritivos.

Ahora bien, ¿en qué plantas se hallan satisfechas estas condiciones? Principal y casi exclusivamente en las Leguminosas forrajeras. En efecto, la importante familia de las Leguminosas encierra variedades que pueden cultivarse en climas muy diversos y en todos los terre-

nos, pues comprende desde el haba y los tréboles de los climas fríos y templados, hasta el chícharo negro y otras de los climas cálidos.

El cultivo de estas plantas no sólo es fácil sino que su crecimiento es por demás rápido, extendiendo su follaje hasta cubrir completamente el terreno. Por último, las raíces pivotantes de estas plantas penetran profundamente hasta el subsuelo y en ellas es donde se produce el fenómeno notable de la fijación del ázoe por medio de microorganismos especiales.

Las plantas que generalmente se emplean para esta operación son las siguientes: para las tierras ligeras, el Alforfon (Fagopyriem esculentum), el trébol blanco y el encarnado (Trifolium repens y T. encarnatum), y el centeno (cecale cereale) para las fuertes el haba (Vacia faba) la arveja (Vacia sativa) los guisantes (Pisum sativum), la colza (Brassica campestris oleifera), los tréboles, la mostaza negra (Sinapis nigra).

Otra circunstancia que no debe olvidarse es la de emplear de preferencia aquellas plantas cuyos productos pueden emplearse para los alimentos del hombre ó de los animales, no con objeto de aprovechar siempre sus productos, pues entonces sería una operación desastrosa que en vez de enriquecer á la tierra la empobrecería, sino con el de poder utilizar estos productos en el caso fortuito de no poderlos enterrar á tiempo.

Entre la diversidad de plantas que pueden emplearse como abonos verdes, citaremos una sola como ejemplo por ser muy conocida y experimentada en las Islas de Reunión y Martinica en donde da excelentes resultados para la caña.

El chícharo negro (Mucuna atropurpurea, Dec.), tiene estas ventajas: Es muy rústica y forma en la superficie del suelo un manto espeso que impide el crecimiento de las malas hierbas con lo que se economizan las escardas; sus granos cocidos son un buen alimento para los cerdos y las vacas, lo cual, como ya dijimos, constituye una gran ventaja.

Para cultivar esta planta basta colocar en líneas paralelas hoyos cada 0^m60 y colocar en ellos dos ó tres granos de chícharo. Se necesitan 15 litros de semilla por hectára. Se entierra desde el momento en que las plantas comienzan á cubrirse de flores sin esperar la producción de granos.

Según L. Wray otra planta muy útil para abono verde es el Indigo (Indrigofera añil), pues esta planta le subministra á la caña un abono muy rico. El índigo es muy usado en las Indias como abono pero teniendo cuidado de enterrarlo antes de que se produzca la materia colorante.

Los chinos también la emplean pero después de extraer el añil, colocando entre las líneas de la caña los residuos sólidos y líquidos. Wray afirma haber visto cultivar en China haciendo uso del índigo como abono, terrenos de tal manera arenosos y estériles, que jamás algún extranjero hubiera pensado plantar caña en ellos.

Cualquiera que sea la planta que se emplee como abono verde, debe enterrarse cuando la caña empieza á nacer, pero si la caña empezó á desarrollar su tallo sería demasiado tarde para el entierro; como se ve, esto es aplicable cuando como lo recomienda Basset, la plantación se hace entre las líneas de caña, que en nuestro concepto es más conveniente.

Si la operación de los abonos verdes va acompañada de cierta cantidad de abonos químicos, puede considerarse como completa. En este caso recibe el nombre de sideración, con que la designó Jorge Ville.

RESTITUCIÓN DEL BAGAZO.

"Quemar el bagazo es una práctica salvaje é indigna de todo hombre que se tome el trabajo de reflexionar y que pueda contar con leña ó algún otro combustible á un precio moderado."

Hemos reproducido estas palabras de Basset al comenzar este estudio para corroborar el ataque enérgico que nos proponemos hacer á la práctica desastrosa y antieconómica de emplear el bagazo como combustible.

En primer lugar hagamos algunas consideraciones sobre las ventajas del bagazo como combustible y como abono.

Admitiendo que el bagazo de 1,000 kilos de caña representen 1,347 kilos de combustible, comprendiendo la materia leñosa y el azúcar. En efecto, se puede asimilar el azúcar al leñoso como materia hidrocarbonada. Los 1,347 kilos de materia sólida están acompañados de 112.50 kilos de agua, y como es claro, el calor desprendido durante la combustión del bagazo se empleará no sólo en calentar los generadores y demás aparatos de la fábrica, sino que una gran cantidad servirá para vaporizar los 112.50 de agua que impregnan al combustible, sin que resulte de esta vaporización ninguna ventaja para el calentamiento, puesto que el vapor producido es rápidamente arrastrado por el tiro de la chimenea.

Así tenemos que los 1,347 de combustible suministran 3,500 calorías por unidad, es decir, unas 470,575 unidades de calor, de las que la vaporización del agua absorberá 69.750 calorías, ó lo que es lo mismo, cerca del 15 por ciento, quedando en realidad disponibles para el calentamiento 470.575—69.750=400.825 calorías que son suficientes para evaporar 646 kilos de agua. Como es natural, esta proposición no es suficiente para las necesidades del trabajo de 1,000 kilos de caña.

Ahora bien, 1 kilo de carbón produce prácticamente 4,960 calorías en su combustión, y sólo se necesitan 94.8 kilos para el equivalente de 134.7 kilos de bagazo, en el supuesto de que esté seco.

Si se compara el precio del carbón con el que corresponde al bagazo por las materias fertilizantes que encierra, resulta un precio elevado á favor de éste, que nos hace más patente el absurdo que se comete al quemar el bagazo.

Además, al reemplazar los 250 kilos de bagazo por 100 kilos de carbón se obtienen de la combustión unos 5 kilos de materias minerales contenidas en las cenizas.

Por último, si como creemos más conveniente, se reemplaza el bagazo por leña, las cenizas de éstas producirán 6.45 kilos de materias minerales que corresponden á los 215 kilos que habrían de emplearse de leña á razón de 3 por ciento. Las cenizas de la leña, mucho más ricas que las del carbón, contienen de 16 á 20 por ciento de materias solubles, y de 80 á 84 por ciento de insolubles.

Por ejemplo, tomando como término medio de cenizas, 6.45 por ciento de cenizas, éstas contendrán:

KILOS.

Solubles.	Acido carbónico......	0.260.064
	Acido sulfúrico.......	0.089.753
	Acido clorhídrico.....	0.060.372
	Potasa.................	....
	Sosa.......... ......,...	0.744,201
	Sílice.................	0.004.610

Total.............. 1.161.000

KILOS.

Insolubles..	Acido carbónico......	1.740.081
	Acido fosfórico........	0.301.473
	Cal....................	2.253.114
	Magnesia	0.370.230
	Oxido de hierro......	0.079.335
	Oxido de manganeso.	0.238.005
	Sílice.................	0.306.762

Total.............. 5.288.000

Teniendo en cuenta solamente las substancias minerales que son útiles, ó mejor dicho, necesarias para la caña, tenemos que las cenizas de la leña que se queman en lugar del bagazo, suministran para abono las siguientes cantidades:

KILOS.

Acido carbónico.........	2,000.145=0,549.130 de carbono.
Acido fosfórico..........	0,301.473
Acido sulfúrico	0,084.753
Magnesia..................	0,370.230= 0,777,32 de carbonato.
Cal.........................	2,523.114
Potasa......................	....
Sosa..............	0.744,201

Por los análisis anteriores se ve que con el empleo de la caña como combustible, no sólo se puede restituir íntegramente el bagazo, sino que se ganan los productos fertilizantes contenidos en las cenizas de la leña.

L. Wray se declara también incondicionalmente partidario de la restitución del bagazo, y declara que: "El empleo del bagazo como combustible es la medida de suicidio más absurda que pueda concebirse, y ningún cultivador debe seguir tal sistema si le es posible servirse del carbón ó de la leña."

Habiendo comenzado este estudio con una frase del profesor Basset, al que hemos tomado los principales análisis citados, lo concluiremos con otra frase del mismo autor, el que por sus elevados estudios y larga práctica debe considerarse como autoridad en la materia.

"Jamás se debe recurrir á la caña como combustible, á menos que se esté en la imposibilidad de hacer uso de otra substancia.

Estiércol.

El estiércol es la mezcla de paja, hierbas, despojos vegetales, etc., con los excrementos sólidos y líquidos de los animales.

Composición del estiércol.

(Según Bonâme).

	Húmedo.	Seco.
Materias minerales...............	42.2	236.7

que contienen:

Acido fosfórico......................	1.9	10.1
Potasa.............................	22.3	12.3
Cal...............................	3.9	20.9
Sosa..............................	0.5	3.2
Materias orgánicas................	14.22	763.3

que contienen:

Azoe.............................	4.02	21.8

Una parte de estos elementos se encuentra en este estiércol al estado de carbonato de amoníaco. Para fijar los compuestos amoniacales que se desprenden durante la fermentación se puede hacer uso del yeso ó sulfato de cal, pero es mejor el fosfato de cal, que siendo insoluble se transforma en soluble y asimilable al ser mezclado con el estiércol, según ha observado Bonâme.

Generalmente se abona á razón de 4 á 6 kilogr. de estiércol por cada agujero en que se plante la caña, pero en general se determinará la cantidad de estiércol que deba emplearse por la de la cosecha probable. Una cosecha de 50.000 kilogr. por hectara exigirá, según Roul, 50.000 kilogr. de estiércol.

ABONOS COMPUESTOS.

En la categoría de los abonos compuestos se coloca la mezcla de todas las materias de origen animal que no pueden ser empleadas en la alimentación tales como la sangre, el carbón animal extinguiendo las materias fecales, etc.

Generalmente se les mezcla con hojas, cáscaras, bagazos, etc., de origen vegetal, regándolos con las espumas fermentadas, las vinazas del destilatorio, orines, etc., hasta que la fermentación los haya puesto en estado de ser utilizados como abono.

En cuanto á los huesos es necesario triturarlos, siendo más conveniente calcinarlos primero, y reducirlos después á polvo muy fino, pues de esta manera son más rápidamente atacados por los jugos de la tierra y por las raíces del vegetal.

GUANO.

El guano fué el primer abono que se empleó para abonar los cañaverales, en los que produjo resultados maravillosos.

El guano del Perú contiene 12 por 100 de ázoe y hasta 15 por 100 de ácido fosfórico con cerca de 45 por 100 de materias orgánicas.

El guano disuelto que se vende en algunos mercados es fabricado artificialmente, y contiene, por término medio, la mitad de las cantidades que acabamos de señalar para el guano sólido.

Abonos químicos.

Se entiende por abonos químicos las substancias fertilizantes complementarias del estiércol.

Las materias minerales que constituyen los abonos pueden encontrarse fácilmente en los siguientes cuerpos:

Ácido fosfórico: En los huesos, el fosfato de cal fósil, los coprolitos y en la fosforita.

Potasa: En los nitratos y carbonatos de potasa y en el cloruro de potasio.

Magnesia: En los carbonatos, cloruros y sulfatos de magnesia.

Cal: En las margas, gredas ó calcáreas, en los corales emergidos ó inmergidos de las costas, etc.

Azoe: En la sangre, los tejidos y productos córneos de los animales, en los carbonatos, clorhidratos, sulfatos, nitratos y fosfatos amoniacales, etc.

Mr. Delteil resume sus importantes observaciones sobre los abonos químicos, de la manera siguiente:

1º El abono tipo para la caña de azúcar debe contener ázoe, potasa, ácido fostórico, cal y magnesia, asociaciados á la materia orgánica.

2.º El ázoe, cuya dosis jamás debe ser inferior á 50 kilogr. ni superior á 80 kilogr. por hectara, se dará bajo tres formas:

Bajo la de ázoe amoniacal, 30 á 40 kilogr. representados por 150 á 200 kilogr. de sulfato de amoníaco; bajo la de ázoe nítrico, 13 á 26 kilogr. representados por 100 á 200 kilogr. de nitrato de potasa ó de sosa; por último, bajo la forma de 10 á 15 kilogr. que pueden provenir de desechos orgánicos, como ya dijimos, en cantidades variables de 150 á 200 kilogr.

Cada uno de estos elementos desempeña diferentes papeles en el abono.

El sulfato de amoníaco tiene por objeto favorecer el principio de la vegetación.

El nitrato de potasa ó de sosa, que penetra fácilmente en la capa arable, es el alimento del segundo período de vegetación.

Por último, el ázoe orgánico que se descompone más lentamente, obra á fines de la estación y conduce á la caña hasta su madurez completa.

3.º El ácido fosfórico debe entrar en el abono en una proporción un poco más elevada que la del ázoe, á fin de impedir á éste que haga crecer mucho las hojas.

La dosis debe ser de 80 á 100 kilogr. por hectara, bajo una forma soluble y asimilable. Es bajo la forma de superfosfatos de huesos ó de huesos disueltos como obra mejor: además, éste es el único superfosfato que encierra una cantidad relativamente considerable de materia orgánica soluble, análoga á la del guano y que puede elevarse á 40 por 100 de su peso.

4.º La potasa debe contarse á razón de 40 á 80 kilogramos por hectara. Generalmente en las Antillas se admite que en los terrenos ligeros y filtrantes basta de 44 á 50 kilogrs. de potasa representados por 100 á 200 kilogrs. de nitrato de potasa, siempre que la proporción de ázoe y ácido fosfórico alcancen las cifras que ya hemos indicado. En los terrenos agotados por el cultivo es necesario elevar la proporción de ázoe en un tercio ó un medio del peso señalado.

La sosa de nitrato de sosa puede sustituir fácilmente á la potasa; sin embargo, como este elemento es indispensable para todas las plantas que organizan azúcar, no debe abusarse de esta sustitución. Aconsejamos una mezcla por partes iguales de ambas sales.

5º En cuanto á la cal y la magnesia que deben formar parte del abono destinado á la caña, se encuentran naturalmente combinadas con los ácidos fosfórico y sulfúrico de los superfosfatos.

FÓRMULAS.—TIPO DE ABONOS QUÍMICOS PARA LA CAÑA.

Un buen abono para la caña debe contener los elementos siguientes:

25 á 30 por 100 de materias orgánicas azoadas.

7 á 7½ por 100 de ázoe, de lo que:

3 á 35 por 100 de ázoe amoniacal;

1 á 15 por 100 de ázoe nítrico;

2 á 25 por 100 de ázoe orgánico;

8 á 10 por 100 de ácido fosfórico de huesos bajo forma soluble y asimilable.

5 á 16 por 100 de potasa.

Las fórmulas que responden á las reglas que acabamos de establecer, pueden ser obtenidas de superfosfatos de huesos como base, ó de guano disuelto.

Primera fórmula.

Superfosfatos de huesos azoados ó di-
sueltos................................... 730 kilogrs.

Nitrato de potasa........................... 120 „

Sulfato de amoníaco...................... 150 „

Segunda fórmula.

Guano disuelto............................ 700 kilogrs.

Nitrato de potasa........................... 150 „

Sulfato de amoníaco...................... 150 „

El superfosfato de huesos azoados se obtiene tratan-
do los huesos reducidos á polvo (que encierran de 4 á
5 por 100 de ázoe y 45 por 100 de ácido fosfórico), por
65 á 70 de ácido sulfúrico á 52°.

A estas ídeas generales debemos agregar, que para
que los abonos minerales obren de una manera conveniente es indispensable que estén asociados con buenas
dosis de materias orgánicas, pues de lo contrario, en
vez de producir efectos útiles traería indefectiblemente
la esterilidad del terreno, como ya hemos tenido ocasión de demostrarlo en otra parte.

Generalmente la dosis de abonos concentrados alcanzan la cifra de 800 á 1.000 kilogrs. por hectara.

Deben ponerse en el terreno en los meses de Marzo
á Abril, cuando las cañas estén bien aseguradas en su
crecimiento.

Cuando las tierras han sido labradas con arados, el
estiércol y los abonos concentrados pueden ser espar-
cidos en el terreno al voleo y bien enterrados por un
paso de rastra ó ser colocados en el fondo de los surcos.

CAPITULO XI.

SIEMBRA DE LA CAÑA.

Una vez que la tierra está convenientemente preparada por las labores para facilitar el desarrollo de la
planta se procede á sembrar la caña.

Se comprende á primera vista, que siendo el objeto
definitivo del cultivador por tener el mayor y mejor
rendimiento posible, la siembra de la caña es sin duda
la operación más importante de todas las que se ejecutan en la finca, pues de ella depende el éxito de la cosecha. Debido á esto ningún exceso de celo y vigilancia es inútil al ejecutar tan importante operación; para verificar la siembra debe hacerse un estudio deteni-
do de las condiciones de la localidad para la producción
vegetal, pues según sean éstas así será la variedad de
caña que se plante y la época en que se ejecute la plantación.

Epoca de la siembra.—La elección de la época más
conveniente para colocar en el terreno la simiente de
la caña es un punto capital, que debe determinarse de
una manera clara y precisa para evitar los accidentes
que indefectiblemente sobrevendrían á la planta, si por
descuido ó ignorancia se encontrase momentáneamen-
te en condiciones desfavorables ó abiertamente nocivas
á la vegetación de la planta.

. En general, podemos asegurar que cuando se dispone de un terreno naturalmente húmedo y fresco y que
se tiene el agua á voluntad para poderla aprovechar
oportunamente en los riegos, puede hacerse la planta-

ción en cualquiera época del año, siempre que los fríos del invierno no sean tan fuertes que lleguen á helar las cañas.

Como reglas generales de las que debe partir el agricultor que desee obrar científicamente, señalaremos las siguientes:

1º Debe determinarse la duración del período vegetativo de la caña más conveniente para su completo desarrollo y para la mayor elaboración del jugo azucarado.

2º Precisar, cuando no se hace uso del riego, el tiempo en que comienzan en la localidad las lluvias y aquel en que terminan, así como la cantidad de agua que cae en este tiempo sobre determinada superficie.

3º Determinar el tiempo que dura la estación de las secas, pues como ya hemos dicho, la caña necesita, para su completa madurez, un período de tres á cuatro meses, en cuya época tiene lugar la elaboración del azúcar.

El agricultor que por medio de una serie de experiencias bien informadas, haya logrado fijar estos tres datos estará en disposición de determinar de una manera precisa la época más conveniente para hacer la siembra.

Desgraciadamente la meteorología no es una de las ciencias que están más adelantadas y vulgarizadas en nuestro país, para poderle pedir los datos anteriores, y en la mayor parte de nuestros ingenios apenas si se hace uso del termómetro, siendo casi completamente desconocidos el barómetro, anemómetro, pluviómetro, etc.

En vista de esto, bien quisiéramos dar algunas ideas generales sobre el empleo de tales instrumentos, que son para el agricultor lo que la brújula para el marino, pero teniendo muy limitado el tiempo que debemos dedicar á este trabajo, no nos es posible perdernos en digresiones sobre la meteorología.

En cuanto al primer dato á que nos referimos, es decir, á la determinación del tiempo que debe permanecer la caña en el terreno, es de suma importancia, pues el período de crecimiento y madurez de la caña varía mucho de una localidad á otra, y por consiguiente no es posible fijar este período á priori, sin riesgo de caer en un error que cuando viniera á aclararse no habría más remedio que lamentarlo por la imposibilidad de corregirlo.

Las condiciones fijadas tienen por objeto hacer la elección de la épocas en que debe plantarse la caña, de manera que cuando llegue el período de la zafra las cañas estén completamente maduras. Haremos observar que nos referimos siempre al hablar de madurez á la madurez industrial, es decir, al momento en que la caña es más rica en jugos azúcarados, pues la verdadera madurez es muy diferente de la industrial; en la madurez fisiológica el tallo se enjuta y las materias azucaradas se transforman por completo.

Así, si plantamos nuestras cañas en el mes de Juuio, y le asignamos un período de vegetación de un año solamente, podremos cosechar al cumplirse este plazo porque durante los cinco primeros meses la vegetación de la planta es muy activa y su elongación considerable, después viene otro período de tres meses, á contar des-

de Noviembre, durante los cuales la planta sigue des-
arrollándose aunque menos activamente que en el primero; pasados estos ocho meses, el crecimiento del tallo se detiene, el vegetal entra en su período de madurez, terminándolo completamente en los cuatro meses
restantes.

Ahora supongamos que hacemos nuestra plantación
en Julio ó Agosto, entonces en la siguiente primavera,
Marzo ó Abril, la caña no habrá alcanzado aún su desarrollo completo, debido á que no le han caído las suficientes lluvias, su vegetación se habrá retardado y
sólo á la vuelta de las lluvias, en Junio, será cuando la
planta adquiera su completo desarrollo, por lo que al tener un año de sembrada será imposible cortarla por
no haber llegado á su madurez. Sólo hasta el mes de
Enero ó Febrero, es decir, después de un período de vegetación de diez y ocho meses, la caña estará en disposición de ser cosechada, pues habrá tenido que esperar
la estación seca de Noviembre y Diciembre para la elaboración del azúcar cristalizable.

En resumen, si queremos darle á la caña un período de vegetación de doce meses, habrá que tener en
cuenta que los primeros cinco meses han de ser de lluvias y los últimos cuatro de secas para obtener el resultado deseado.

Así las cañas plantadas de Enero á Mayo podrán
ser cortadas de Febrero á Junio.

Creemos que los ejemplos citados serán suficientes
para demostrar la importancia de las condiciones fijadas, sin olvidar que dichos ejemplos se refieren á las
regiones en donde no se hace uso de ningún riego.

Si nos fijamos primero en lo que se ejecuta en diversas regiones azucareras del mundo, encontraremos una comprobación de lo que acabamos de decir.

En Cuba hay tres épocas elegidas para la plantación de la caña: la primera llamada siembra de frío, comienza á principios de Septiembre hasta Diciembre; la segunda llamada de Primavera, empieza á mediados de Abril para terminar á mediados de Junio, y la tercera llamada de medio tiempo, comienza á fines de Diciembre y termina en Abril. Muchos agricultores no tienen regla para sembrar, sino que lo hacen indistintamente en el transcurso del año, sino que como dice Reynoso "sin criterio especial, siembran más cuando pueden que cuando deben."

No estando en igualdad de condiciones climatéricas las islas de la Reunión y Guadalupe, que la de Cuba, las épocas de siembra son también diferentes; en la Reunión se siembra del mes de Septiembre al de Marzo; en Mauricio lo hacen en tres estaciones, que se llaman: la Gran estación y dura de Octubre á Diciembre; la estación media dura de Diciembre á Enero; la de Febrero á Agosto se llama pequeña estación. Estos períodos son determinados por el régimen de las lluvias que en ambas islas se establecen de Enero á Junio.

En nuestro país también es muy variable la época de la siembra de la caña. Así, en la península yucateca se siembra según las tierras en los terrenos llamados Kancabché (terrenos color de ladrillo obscuro, llano y profundo), se siembra en el mes de Agosto, y Septiembre, si el terreno es Akalché ó Yaxhom (el primero de tierra negra, bajo y anegadizo y el segundo igual al anterior pero cubierto de vegetación).

Esta diferencia es debida á que en los terrenos Kancalché la caña tarda más tiempo en vegetar que en el Akalché y Yaxhom. En general, en la región del Sur se siembra de Agosto en adelante.

En el Distrito de Río Verde, Estado de San Luis Potosí, es costumbre sembrar antes del mes de Agosto para evitar que la caña se hiele con los fríos del invierno y eligiendo las variedades más precoces, con objeto de que la caña vegete y sea cortada en el propio año antes de las grandes heladas.

En el Estado de Morelos, por lo general acostumbran sembrar en Octubre, lo que tiene por objeto aprovechar las últimas lluvias del año que favorecen mucho á la semilla y á la planta pequeña. En algunas haciendas siembran en Agosto, pero este proceder no es de recomendarse, pues cuando tal cosa se hace sucede que las cañas enterradas para semilla no brotan, ó por lo menos retardan en su nacimiento.

Para terminar lo relativo á la época más conveniente á la plantación, haremos mención de otros factores muy importantes que no deben olvidarse jamás.

En primer lugar debemos arreglar nuestros trabajos de manera que no nos vaya á faltar la mano de obra en los momentos en que es más precisa, ó que otras ocupaciones también urgentes distraigan á los trabajadores de los cañaverales, pues esto sería de consecuencias tan nocivas como inevitables.

Además, la siembra puede ejecutarse, según Basset, en gran cultivo y en pequeño cultivo: la primera es cuando se procede á sembrar antes del corte de los cañaverales, y la segunda cuando se hace después del corte. Fijándose el autor en sus propias observaciones aconseja que se siembre en gran cultivo, porque entonces, no estando los trabajadores ocupados en el corte de la caña y elaboración del azúcar, se dedican con menos apresuramiento y en mayor número á la operación de la siembra; cuando se procede en pequeño cultivo no pasa lo mismo, pues unos trabajadores se dedican al corte, otros á los trabajos industriales, destinando casi siempre al grupo más pequeño é inútil á la operación de la siembra, lo que trae por resultado que la plantación se haga mal.

Elección de la semilla.—Comenzaremos esta parte de nuestro estudio con una observación: al hablar de semilla y de siembra de la caña no debemos entender que se hace uso de lo que propiamente se llama semilla, sino de las estacas que se colocan en el terreno para la propagación de la caña.

Como muchos al leer esta observación se pregutarán ¿y por qué no se reproduce la caña por medio de semillas? Los referiremos á la parte en que nos ocupamos de las funciones fisiológicas de la caña en donde hemos procurado aclarar la cuestión.

Vamos á ocuparnos de la elección de las estacas ó de la semilla como hemos de llamarlas algunas veces de una manera convencional.

La elección del elemento reproductor que ha de perpetuar la especie es indudablemente el punto capital de toda explotación, pues nada hay más absurdo ni desastroso que las prácticas antiguas, en que bajo el pretexto de una economía mal entendida y arrastrados por espíritu de rutina que tantos males ha causado á nues-

tra agricultura, no se vacilaba en entregarse á toda clase de prácticas por contrarias que fueran á los preceptos de la agricultura científica.

En efecto, mientras no precede una juiciosa selección
á la determinación de los individuos que han de tomarse para semilla, no podremos tener ni unidad, ni riqueza en nuestra producción. La selección es, por decir-
lo así, el único medio de conseguir que un campo plan-
tado bajo buenas condiciones de clima y de cultivo
produzca cosechas abundantes en materia prima.

Para que la producción sea abundante y segura, es
necesario escoger de una manera juiciosa la parte del
cañaveral en que las cañas se hayan producido bajo mejores condiciones de desarrollo y de salud para desti-
narlas exclusivamente á la siembra. Los tallos deben
estar bien conformados; los entrenudos no muy juntos,
pues esto en vez de ser una ventaja como muchos creen
por el número de yemas que encierran en igualdad de
longitud es perjudicial, pues se sabe que dos ó tres yemas son las que germinan en detrimento de las otras,
y cuando los entrenudos son cortos la cantidad de alimento que á cada yema corresponde es menor; por último, las yemas deben estar bien conformadas y tener
una forma globulosa, pues cuando son aplastadas no
germinan.

Elegidas que sean las cañas de donde se han de tomar las estacas, nos encontramos frente á otro problema no menos importante, cual es la elección de la parte de la caña más conveniente para tomar la semilla.
La generalidad de los autores no están de acuerdo sobre el particular y algunos ó la han descuidado, como

Vray, ó emiten á este respecto opiniones que es inútil tomarlas en consideración. Así, Mr. Malovois, cultivador de la Reunión, asienta con cierta autoridad que para la elección de la semilla "se eligen las más hermosas puntas de cañas que aún no hayan florecido, entendiéndose por punta la extremidad superior de la caña cortada hasta unas 12 ó 14 pulgadas, después de cortado el cogollo."

Esta práctica, que es muy común en la Reunión, en la Guadalupe, y también por desgracia entre nosotros, es por demás absurda, pues siendo las yemas de la parte superior las más tiernas y por consiguiente las que aún no han acabado su desarrollo, no es posible que produzcan buenos resultados, pues es un hecho comprobado en Historia Natural que de padres débiles y mal desarrollados jamás se obtienen hijos saludables y robustos. A este hecho es al que debe atribuirse la llamada degeneración de la caña y no á su reproducción por medio de estacas, como pretenden los que abogan por la obtención de semillas fértiles para producir nuevas variedades.

Algunos pretenden que sembrando la punta de la caña con todo y el eje foliáceo y el punto vegetativo se obtienen magníficos resultados, pues el punto vegetativo conserva las mejores condiciones de vida para continuar su crecimiento y provocar la aparición de las raíces al nivel del plano nodal inferior. En apariencia esta teoría es verdadera, pues parece conformarse con las indicaciones de la fisiología vegetal, pero penetrándo al fondo de la cuestión se ve que continuándose la vida por el punto vegetativo de la estaca la evolución comienza, como es natural, por este punto; ahora bien, en el punto vegetativo tiene que haber un movimiento orgánico forzado que hace necesario un llamamiento de agua hacia esta parte y que tiene que entrar por la sección inferior de la estaca al principio y después por las yemas, que, como ya dijimos, no están aún maduras y son obligadas de esta manera á ejecutar el resto de su evolución. Es natural que habiéndose concentrado la fuerza vital al principio en el punto vegetativo, la germinación de las yemas se retarde y por consiguiente la planta ó no macolla, como pasa en muchos casos, ó lo hace muy mal influyendo poderosamente en el rendimiento. No hay más que recurrir á la observación para convencerse de lo anterior. Vemos que el tallo del punto vegetativo es el primero que emerge y los retoños de la primera germinación vienen después constituyendo un retardo que hace que el cañaveral no sea homogéneo al tiempo de la cosecha. Los que practican la plantación valiéndose de la punta de la caña evocan como razón poderosa la noción de economía, para juztificar su proceder; pero basta fijarse en las razones expuestas para convencerse de lo ilusorio de esta economía, pues si bien es cierto que tomando la estaca de la parte inútil de la caña no se le substrae al molino ninguna parte de la materia prima, también es cierto que una estaca apropiada produce más al momento de la cosecha, con lo que se pagará con creces la pérdida inicial.

Por último, algunas personas nos han citado para apoyar su tesis, el hecho de que siendo algunas tierras del país especialmente fértiles producen, á pesar de to-

do, muy buenos resultados con la siembra de la punta
de la caña, y se nos ha asegurado que en el ingenio de
Jalipilla (Estado de Veracruz) no se emplea desde hace muchos años otro procedimiento y siempre se han
obtenido muy buenos resultados. A estas personas les
diremos con Reynoso, que por más fértiles que sean las
tierras "el desarrollo inicial siempre ejerce una poderosa influencia sobre la vegetación.

En vista de estas razones creemos conveniente aconsejar que se deseche la costumbre de plantar la punta
de la caña y que se elija aquella parte en que las yemas estén mejor desarrolladas y maduras para asegurar una producción abundante.

No sólo nosotros somos de este parecer, sino cultivadores autorizados aconsejan el mismo procedimiento y
entre todos el Sr. Reynoso es el que más clara y deci-
didamente se pronuncia á favor de él. No podemos resistir al deseo de copiar el siguiente párrafo de su en-
sayo. "Puesto que la semilla ejerce alguna influencia,
en condiciones favorables relativamente á la aparición
de los retoños, mostrando además su acción respecto
del tiempo que han menester éstos para crecer, es indudable que cuando tratemos de elegir cañas para verificar las siembras, debemos escoger aquellas mejor
desarrolladas, pues éstas producirán desde el principio
potentes vástagos susceptibles de aprovechar por completo é inmediatamente todas las circuntancias venta-
josas, estando por otra parte en disposición de luchar
con buen éxito contra los accidentes opuestos á su lo-
zano incremento."

El sabio sacarólogo, Mr. Delteill, asienta que debe

elegirse la estaca "en los puntos del·tallo en que las
yemas son más acentuadas y gruesas, en donde los jugos son más ricos y mejor elaborados, si queremos tener plantas vigorosas y bien nutridas.

Ya que de citar autoridades se trata, nos parece oportuno traer á colación lo que decía con motivo de la
siembra de la caña el Padre Labat en 1696, pues esto
demostrará que la cuestión se debate desde hace muchos años. El Padre Labat dice: "Estoy persuadido de
que las puntas de la caña plantadas como semillas jamás producen tan bellas cañas como las estacas que se
cortan en el cuerpo de la caña, que teniendo más jugo
y savia tiene por consiguiente más fuerza para producir raíces y retoños gruesos y vigorosos."

Haremos observar de paso que la extremidad inferior del tallo no es propia para la plantación, porque
los entrenudos son muy pequeños y están liñificados
en parte, lo que impide una buena germinación y acarrea un mal desarrollo.

Las cañas elegidas deben estar completamente maduras y los entrenudos bien desarrollados, pues cuando éstos son muy cortos contienen una cantidad muy
limitada para la nutrición preliminar del retoño. Cuando se plantan estacas que provienen de plantas tiernas,
pueden ocurrir dos casos; cuando las tierras son secas
y las lluvias escasas, las estacas se secan ó vegetan al
principio á favor de los jugos propios del cañuto y esta
vegetación inoportuna acarrea la pérdida de la planta
cuando se hayan consumido los líquidos del cañuto;
cuando los terrenos son bajos y húmedos la estaca se
pudre con suma facilidad.

Las estacas deben ser de caña de planta, pues cuando se recurre á las de soca, los individuos obtenidos son débiles; sólo cuando se tiene cuidado de cortar la punta de la caña al nivel de la penúltima yema terminal, con lo que se obtiene un desarrollo mayor en las yemas intermedias, puede justificarse el empleo de las estacas de soca. En general, sólo por falta de mejores cañas debe recurirse á este expediente, que, como dice Basset, no es más que un paliativo.

Jamás deben tomarse cañas que hayan florecido, pues en esta época de la vida de la planta los jugos nutritivos sufren un movimiento ascensional para contribuir al acto de la fecundación y por consiguiente esta emigración de principios empobrece á los cañutos de los alimentos propios para la germinación de la yema.

Resumiendo todo lo que llevamos dicho, asentaremos como reglas más convenientes para la elección de las estacas, las siguientes:

1ª Deben desecharse en absoluto las puntas de la caña.

2ª Siempre deben elegirse las cañas mejor desarrolladas que hayan llegado á su completa madurez.

3ª Se tomará el tercio medio ó los tres cuartos medios de la caña.

4ª Se elegirán siempre para semilla las cañas de planta, pues las de soca no son buenas.

5ª Se desecharán las cañas que hayan florecido, pues son pobres en jugos alimenticios.

6ª La extremidad inferior del tallo no es propia para semillas por estar en parte liñificada y ser los entrenudos muy cortos.

Preparación de la estaca.—La operación que tiene
por objeto el corte de las cañas para la plantación es
también muy delicada y debe hacerse con sumo cuidado. El corte se hace en la mañana del día en que
deba hacerse la siembra; se despoja el tallo del tlazol
(hojas secas), teniendo mucho cuidado de no herir las
yemas. Una vez cortadas las cañas se les transporta
al lugar en que deben ser sembradas, y allí se hace la
división en estacas, procurando que el instrumento
empleado, que generalmente es el machete, tenga bastante filo, pues de lo contrario, habría una separación
violenta de los haces fibro-vasculares del entrenudo,
sobre el plano inferior relativamente al choque del
instrumento.

Otro punto importante es el que se refiere á la longitud que deben tener las estacas. Como se comprende fácilmente, no es posible asignar determinada longitud en centímetros, porque esto sería absurdo dada
la variabilidad del tamaño de los cañutos y de los sistemas de siembra. Como único dato podemos asentar
que partiendo del número de yemas, se procurará que
éste sea de tres á cuatro solamente, pues es un hecho
completamente demostrado que mayor número de yemas es de poca utilidad pues sólo dos ó tres germinan,
y cuando lo hace en mayor número, se expone el cultivador á que sobre las líneas crezcan en verdad muchas, pero que son más delgadas y pobres en azúcar.

Terminaremos esta parte señalando una observación de Mr. Malavois, que nos parece importante.
Afirma este autor que remojando durante un cuarto
de hora las estacas en agua antes de sembrarlas, ha

podido hacer sus plantaciones, aun durante las más
prolongadas sequías, sin que hayan dejado de salir
las plantas que se han desarrollado todas de una manera maravillosa.

DISTANCIA DE LAS PLANTAS.

El punto fundamental de que debemos partir para
la determinación de la distancia á que deben colocarse
las plantas es el que nos enseña que sus raíces se extienden sobre una superficie de 0.40 metros cuadrados y á una profundidad de 0.30 metros. Siendo la
caña de azúcar una de las plantas que necesitan mayor cantidad de aire y de luz para su vegetación, y
además las necesidades de las labores de cultivo, para
obtener un buen cañaveral deben tomarse en cuenta
estas proporciones.

Así, si queremos ajustarnos estrictamente á las condiciones que por su organización nos impone la planta, debemos darle por lo menos 0.50 metros de radio
de expansión por una profundidad de 0.35 metros.
Con estas cifras señalamos el límite inferior, pero no
la distancia más conveniente, pues tres metros cúbi-
cos de tierra apenas si son suficientes para permitirle
vivir á la planta, pero nunca para su desarrollo vigoroso ni para la acumulación de los principios inmediatos que son el único objeto del cultivo. Claro está que
no debemos conformarnos con que la caña no muera,
sino que debemos procurar á toda costa que se enri-
quezca, y si no la ponemos en condiciones apropiadas,
suministrándole la suficiente cantidad de tierra de

donde pueda sacar sus alimentos, no conseguiremos
nuestro objeto.

Después de un serio estudio sobre esta cuestión, se
ha llegado experimentalmente á convenir que la sección superficial de 1.20 metros es la más conveniente
para obtener buenos resultados. La sección 1.20 metros corresponde á una separación de 1.10 metros por
cada lado. La misma superficie útil puede obtenerse
dando una separación de línea á línea de 2 metros y
de 0.60 metros entre cada planta del mismo surco.

Para comprender que la exactitud de estas medidas
y que no se nos tache de exagerados, vamos á reproducir el siguiente cuadro, citado por Basset, para demostrar que la distancia señalada debería ser mayor,
si no tuviéramos en cuenta las necesidades del cultivo:

Separación.	Sup.	Tallos por hec.	Rend. por hect.		Rend. por plantas.	
			Plantas.	Retoños.	Plantas.	Retoños.
	m.c.		kg.	kg.	kg.	kg.
1 sobre 0.75—0.75		8.800	59.900	46.400	6.87	5.27
1 „ 1.00—1.00		6.600	57.800	43.700	8.70	5.62
2 „ 1.00—2.00		5.000	30.500	53.400	14.10	10.68
2 „ 1.50—3.00		4.400	57.800	43.100	13.13	9.79
2 „ 2.00—4.00		2.500	67.300	46.300	26.92	18.52

De la simple inspección de esta tabla se deduce que
la separación más conveniente sería la de dos por dos
metros, pues es la que produce mayor rendimiento.

Creemos que sin necesidad de más datos para aclarar esta cuestión, podemos aconsejar á nuestros agricultores que abandonen sus preocupaciones y que siquiera por vía de experiencia siembren sus cañas á

mayor distancia de la acostumbrada, seguros de que lo que no alcancemos por las razones, lo hemos de lograr por la demostración práctica.

PLANTACIÓN DE LAS ESTACAS.

En los lugares en que no puede penetrar el arado se acostumbra sembrar la caña en agujeros cuadrados cuyo fondo ha sido abonado con un poco de estiércol. Las estacas se colocan en el fondo dándoles una inclinación sobre la vertical de cerca de 45°, ó bien van acostadas completamente; á este sistema le llaman de siembra mateada (fig. 7) y se emplea mucho en la Isla de Cuba y en la hacienda de Coahuistla, en el Plan de Amilpas. Este procedimiento adolece, según nuestra opinión, de muchos defectos, entre los cuales señalaremos los siguientes: se pierde mucho terreno, pues hay que darle mucha distancia á los agujeros para facilitar su apertura; el beneficio de la planta es sumamente costoso, pues el campo se cubre fácilmente de hierbas, y por último, el nacimiento de la yema se retarda mucho, debido á la profundidad á que están colocadas, y sobre todo, por la dificultad que oponen á la penetración del agua los bordos que se forman al rededor de toda cepa.

En aquellas haciendas en que los campos son labrados por medio del arado, se emplean sistemas de siembras más perfeccionados, y de los que vamos á describir algunos á continuación.

La diferencia de un sistema á otro sólo consiste en la colocación de la estaca en el fondo del surco, y los podemos clasificar de la manera siguiente: cordoncillo, cadenilla, petatillo, por estacas, dulce con dulce, oblicuo y en diagonal.

Cordoncillo.—Este sistema (fig. 8) consiste en ir colocando una estaca acostada en el surco, despúes otra hacia un lado de la primera, de manera que quede un pequeño espacio entre ambas, procurando que la extremidad de la segunda estaca abrace por lo menos dos cañutos de la primera; despúes viene otra colocada en la misma dirección que la primera y abarcando dos entrenudos de la segunda, viene después la cuarta que se coloca de la misma manera que la segunda y así sucesivamente. El cordón en estacas así formado tiene una disposición imbricada, y es sin disputa el mejor de todos los procedimientos.

Cadenilla.—Este sistema es conocido en Yucatán con el nombre de Chacbilicum y consiste en ir colocando las estacas en dos hileras como en el sistema anterior, pero sin imbricarse y haciendo que se toquen las estacas por sus extremidades inferiores.

Petatillo.—El petatillo consiste en ir colocando las estacas no paralelas al surco, sino algo inclinadas y de manera que cada estaca abrace la mitad de la anterior, como se ve en la figura 9.

Este sistema es también muy usado, porque cuando la siembra está bíen hecha da magníficos resultados.

Hay otro petatillo, llamado del interior, que se compone de tres líneas de cañas, las dos externas colocadas unas á continuación de las otras, haciendo que las puntas se toquen, la interna va colocada de tal manera que su parte media quede enfrente de las extremidades de las laterales (fig. 10), El sistema por estacas, Xtacché de los mayas, recibe este nombre por la manera de sembrar, que consiste en abrir con una estaca ó chuzo un agujero un poco inclinado y en colocar la estaca en él. El sistema de clavo huasteco es una variedad del anterior; las estacas se entierran verticalmente. También se ecostumbra hacer surcos muy profundos y poner las estacas paradas.

Dulce con dulce.—Este procedimiento, ya muy poco usado actualmente, se asemeja mucho al petatillo, sólo que las cañas van colocadas á mayor distancia una de otra, y sólo se corresponden los últimos cañutos; las yemas deben ir unas hacia la derecha y otras hacia la izquierda, como se ve en la figura 11. Siguiendo este procedimiento, las cañas no macollan bien y su nacimiento es muy desigual.

Sistema común.—Consiste en colocar las estacas una á continuación de la otra (fig. 12), de manera que se toquen por su extremidad. Este procedimiento es menos recomendable que el anterior, pues exige generalmente un crecido gasto de resiembra, debido á que muchas yemas no germinan.

Medio petatillo.—Consiste en colocar las estacas en una dirección oblicua á la del surco y tocándose en una longitud de 0.15 á 0.20 metros (fig. 13).

En este procedimiento se cncuentra como principal desventaja el que las yemas quedan muy juntas y no pueden enraizar bien, pero en general es aceptable.

Espiga ó palma.—En muchas haciendas del interior de la República, en donde se le da á la surcada una anchura considerable, se emplea el sistema llamado de espiga ó palma (fig. 14), que consiste en ir poniendo en la línea media del surco una hilera de estacas, y á uno y ótro lado del punto en que se juntan dos estacas se colocan otras oblicuas de menor longitud. Como se comprende, este procedimiento es bastante bueno, pero exige una gran cantidad de estacas y un terreno bien labrado y convenientemente abonado.

Por último, el sistema llamado diagonal (fig. 15) empleado en la Península yucateca, consiste en colocar atravesadas en el surco las estacas que no se han de tocar por ningún punto, sino que han de quedar en una posición casi paralela.

Hecho el resumen de los diversos sistemas de colocación de la semilla, el agricultor escogerá el que le parezca más aprópiado para su terreno y procederá á ponerlo en ejecución, teniendo mucha vigilancia para que los sembradores la hagan concienzudamente.

Para tender la semilla se procede á trazar los surcos á la distancia que hemos señaladó; pero como esta operación no puede hacerse simultáneamente con la siembra, debe trazarse primero la surcada dividiendo después los trabajadores en tres grupos: el primero va abriendo con una coa el fondo del surco en la extensión que deben ocupar las estacas, el segundo va tendiendo la semilla que llevará en un ayate ó canasta cubierta con paja mojada y, por último, el tercero va cubriendo la semilla con una capa de tierra más ó menos delgada, según las condiciones en que se ejecuta la siembra.

Como este último punto es de suma importancia, nos ocuparemos detenidamente de él.

Algunos autores aconsejan que sólo deban ponerse sobre las cañas una capa muy delgada de tierra, otros dicen que por el contrario debe echarse suficiente tierra para que el surco y el entresurco queden parejos.

Creemos que los dos partidos tienen razón, pero cada uno en diferentes condiciones de medio. Si se opera en un terreno naturalmente fértil, poco expuesto á las lluvias y en un clima en qne el sol no es muy ardiente, bastará con cubrir la semilla con sólo dos ó tres pulgadas de tierra. Por el contrario, cuando el clima es excesivamente cálido y lluvioso y el suelo poco fértil, sí creemoe necesario llenar el surco, pues si nó nos expondríamos á que por el excesivo calor la semilla se tueste perdiendo su poder germinativo; también puede suceder que si sobreviniese una lluvia muy copiosa el terreno se aplane y la semilla quede descubiertá, con lo que se produciría el desecamiento y la fermentación.

Dadas estas condiciones, el agricultor, que conoce mejor que nadie las condiciones en que debe trabajar, discernirá sobre el espesor que debe dar á la capa que cubra sus semillas.

Será muy conveniente poner sobre cada estaca, al momento de taparla, una pequeña cantidad de estiércol, que puede llevar en un ayate el encargado de tapar la semilla, pues es un hecho demostrado por la práctica que de esta manera el desarrollo inicial de la planta es mucho más vigoroso.

———

CAPÍTULO XII.

Labores de cultivo y conservación.

Tendida y cubierta la semilla en el terreno, podemos asegurar que el culitvador no ha terminado todavía su misión, pues apenas se ha ejecutado la parte menos difícil de su tarea y aún le falta cumplir con la más importante y trascendental, por ser aquella de que depende casi exclusivamente el éxito de su empresa.

En efecto, si sólo se tratara de que las plantas crecieran más ó menos bien, bastaría hacer lo que acostumbran algunos hacendados de nuestras costas, es decir, tender su semilla y esperar muellemente recostados en su hamaca el momento en que la caña llegue á la madurez para proceder á cortarla.

Nosotros creemos, por el contrario, que sólo cuando se han dado al plantío todas las labores que prescribe la Ciencia Agronómica, es cuando se puede decir que verdaderaments se cultiva, pues entregar á la tierra una semilla y abandonarla hasta que produce un rendimiento mezquino, podrá ser todo lo que se quiera menos agricultor, como tampoco es médico el que prescribe un medicamento que ha visto citar por otra persona sin meterse á investigar la etiología del mal, ni la acción terapéutica de la medicina.

La Ciencia Agronómica exige mucho trabajo y mucho juicio, sus preceptos están ajustados á los de las otras ciencias enlazadas con ella, tales como la Física, la Química, la Biología, etc.; y el que infringe uno solo de sus preceptos prepara su ruina, y en su ignorancia desahogará su cólera impotente sobre la tierra, á la que acusará de infertil ó contra el clima, al que le imputará una inclemencia odiosa, pues sólo contra él se desató.

En general no hay tierras infértiles, pues gracias á los abonos y mejoradores, á los riegos y drenajes, á las labores y demás operaciones agrícolas, los pantanos se desecan y rellenan las dunas, se fijan las tierras salitreras, se cultivan y hasta sobre áridos peñascos se hacen brotar vegetaciones exuberantes.

Si todas estas consideraciones son ciertas para la generalidad de las plantas cultivadas, ¿qué diremos al tratar de la caña de azúcar, que es una planta por excelencia exigente en principios alimenticios y la que más necesidad tiene de las labores, por necesitar una aireación y una cantidad de luz extraordinaria?

Al tratar de las labores de cultivo nos encontramos frente á una dificultad, y es la relativa á los riegos, pues mientras que éstos son de una necesidad imprescindible en el Estado de Morelos, por ejemplo, en otras regiones azucareras no se emplean por ser las lluvias regulares y abundantes.

Para salvar esta dificultad nos ocuparemos primero de las labores en general, y después describiremos las que se emplean en la región de los riegos, tomando como tipo el ya citado Estado de Morelos.

Resiembra.—La operación así llamada consiste en repasar el campo después de ocho días de sembrado, con objeto de ir sustituyendo las estacas que no hayan germinado ó las plantitas muertas por otras en mejores condiciones.

La resiembra debe hacerse rápidamente para evitar

que las plantas que hayan nacido se adelanten mucho en su crecimiento, lo que le quitaría la homogeneidad al campo; esta es una de las circunstancias que no deben olvidarse.

Generalmente se ejecuta la resiembra haciendo recorrer los surcos por peones que llevan en un cesto determinada cantidad de estacas.

Apenas ven un sitio en donde no ha brotado la planta proceden á hacer una excavación y extraen de ella la estaca que fracasó colocando en su lugar una nueva, que debe tener cuidado de que quede bien colocada sin dejar cavidades sin tierra; en seguida pasan á otro sitio y ejecutan la misma operación hasta terminar.

Como ya dijimos, la resiembra tiene por objeto evitar los claros y conseguir cierta homogeneidad en el cañaveral, para que la cosecha sea toda igual. Ahora bien, procediendo, como acabamos de indicar, es muy difícil que no haya algún retardo en la germinación de las yemas y en su crecimiento, con relación á las que hayan prendido en la siembra. Con objeto de evitar esto puede procederse como indicamos en seguida, seguros de que se obtendrán buenos resultados.

Después de hecha la siembra, como indicamos al ocuparnos de esta cuestión, se elige cerca del cañaveral un buen lugar, por ejemplo una de las extremidades de la guarda-raya, y se prepara de la misma manera que los terrenos destinados á la siembra. En este lugar se establece una especie de máxima; en todo se colocan unas cerca de otras un número variable de estacas que hayan sido tomadas del mismo lugar de donde se tomaron las estacas sembradas, y se les cubre con igual capa de tierra.

Con éste se consigue, que al ejecutar la resiembra tengamos plantas que estén en las mismas condiciones que las del cañaveral.

El encargado de la resiembra toma determinado número de plantas de la almáciga y las coloca en una canasta cuyo fondo lleva paja mojada, cubriéndola también con paja.

La extracción de las plantas debe hacerse con sumo cuidado para no lastimar ni romper las raíces ni el punto vegetativo del reemplazo.

Se traslada en seguida al campo y va verificando la sustitución, procurando que las raíces queden extendidas y el tallo erguido. Si fuere posible, deberá arrojarse un puñado de estiércol antes de tapar el agujero con la tierra, mezclada también con una tercera parte de estiércol para mantener la frescura.

También debería dársele á la planta un ligero riego para favorecer su desarrollo inicial; pero como es esto muy difícil en algunas regiones del país, debe elegirse para la resiembra un día húmedo.

Aporque.—El aporque es la operación que consiste en amontonar la tierra que rodea á la planta sobre su tallo, con objeto de darle mayor estabilidaa y de poner al alcance de sus raíces los elementos necesarios para su alimentación.

Con respecto á la caña de azúcar se ha discutido mucho sobre la utilidad del aporque; algunos autores no sólo se oponen á él, sino que á semejanza de Allen aconsejan que apenas empieza á nacer la caña se dé un desaporque volteando la tierra cercana á la planta hacia el centro del entresurco por medio de un arado de una sola vertedera.[1] Esta operación, cuya utilidad se nos escapa, está en contra de lo que nos enseña la experiencia, pues en cuantas plantas se ejecuta el aporque se ve inmediatamente un crecimiento notable y una gran abundancia de retoños.

Si algún vegetal necesita imperiosamente de la aporcadura es la caña de azúcar, pues es un medio para favorecer el macollamiento, que hace triplicar por lo menos la producción de tan preciosa gramínea.

Partidarios del amontonamiento de la tierra al pie de la planta son Reynoso y Basset, entre otros muchos y sus opiniones son respetables por estar fundadas en el conocimiento profundo de la caña y de la práctica de su cultivo, así es que no vacilamos en declararnos partidarios del aporque, tanto más cuanto que hemos visto que produce muy buenos resultados en algunos ingenios en donde se conoce con el nombre de tapapié, que no es otra cosa que un aporque imperfecto.

En aquellas tierras en donde la siembra se ha hecho en agujeros el aporque es difícil porque hay que hacerlo todo á mano, pero aun así y á pesar de su costo elevado remunera por una producción mayor los gastos erogados.

Cuando la plantación se ha hecho en surcos se emplea para aporcar un arado pequeño de una sola vertedera, una azada de caballo ó un arado construído especialmente para esta labor, llamado arado aporcador.

1 Allen, Memoria sobre el cultivo de la caña en los Estados Unidos

El aporque sólo debe ejecutarse después de que hayan brotado bien todas las plantas y hayan alcanzado una altura que no debe pasar de cincuenta centímetros. Se comienza primero por remover la tierra del entresurco valiéndose de un arado escardador que presente solamente seis ú ocho centímetros; después se da otro paso con un pequeño arado de vertedera simple, que penetre en la orilla del entresurco, de manera que la vertedera parabólica vaya arrojando la tierra hacia el tronco de la planta. De la misma manera se procede sobre el otro lado del entresurco pasando después al siguiente.

Como la labor dada de esta manera no es perfecta debe de hacerse recorrer los entresurcos por un peón que va acabando de perfeccionar la labor por medio de una azada de mano.

Pasados algunos días se vuelve á dar otra labor semejante á la anterior, pero como las plantas han alcanzado mayor desarrollo se necesitará levantar más tierra hasta conseguir que el pie de la planta quede abierto.

Escardas.—La escarda es una labor que se da con el objeto de destruir las plantas adventicias que empobrecen al suelo por la absorción de los principios alimenticios y perjudiquen á la planta, por no permitir la libre circulación del aire ni la penetración de los rayos solares.

Las escardas pueden darse á mano valiéndose de la azada, pero su labor es muy imperfecta pues sólo ataca una pequeña capa de tierra sin destruir completamente las plantas nocivas. Cuando es posible hacer

Caña de azúcar.—12

uso de una escardadora hay necesidad de vigilar á los peones, porque éstos por no hacer ningún esfuerzo se contentan solamente con dejar caer el instrumento sin preocuparse de que penetre.

En aquellos lugares en que se han labrado las tierras con el arado es mucho mejor dar las escardas con un instrumento especial, llamado escardador, que va tirado por una sola bestia. Se arregla el regulador de manera que sólo penetre la primera vez unos cuantos centímetros y después se hace pasar de nuevo aumentando la profundidad. Con este aparato la destrucción de las hiervas es completa, así como la remoción de la tierra.

Binazones.—Estas son labores que tienen por objeto romper la capa superficial del terreno para facilitar la acción de los agentes naturales y evitar el desecamiento. Es un gran error, creer como muchos lo hacen, que la compacidad de la capa superficial del suelo retarda ó previene el desecamiento; en realidad todo lo contrario se verifica. Mientras más desagregada es la superficie de un terreno más fácilmente se deja penetrar por el agua de las lluvias y mayores obstáculos opone á los efectos de la capilaridad, que tiende á determinar la evaporación de la humedad.

Los terrenos arcillosos exigen binazones frecuentes que deben darse antes de una lluvia, y cuando se practican los riegos nada hay mejor que dar una binazón al terreno antes del riego, á fin de que el agua pueda penetrar más fácilmente y llegue hasta las raíces.

También algunos cultivadores tienen la creencia de que jamás se debe binar ni escardar durante la seca.

Claramente se ve lo erróneo de esta creencia con sólo meditar en que la capa endurecida y desecada forma un obstáculo á la absorción de la humedad. Por otra parte las hiervas adventicias le roban la humedad á las cañas y ésta viene á añadirse á las ya citadas causas que determinan el desmejoramiento de la caña.

Se debe escardar y binar siempre durante las mayores sequías, tanto para destruir las malas hiervas como para mantener la superficie en un estado de pulverización que es muy favorable al desarrollo del vegetal que nos ocupa.

LABORES CON RIEGO.

Vamos á describir á continuación las labores que se le dan á la caña en los lugares en que este cultivo está caracterizado por el empleo de los riegos.

Después de tendida la semilla, como ya indicamos, se da un primer riego llamado de asiento, con objeto de que no se produzca el tueste de la yema por el excesivo calor, y además evitar que se produzca alguna fermentación que les quite á las estacas la facultad germinativa. Para dar este riego se hace llegar primero el agua á los aguatencles por medio de canales que los unen con los apantles, después se les da entrada á los surcos por derivaciones practicadas con este objeto en los bordes de los tenapeantles.

Se mantiene el agua en los surcos hasta que haya penetrado hasta una profundidad de cuarenta y cinco á cincuenta centímetros y entonces se suspende tapando la toma de agua de los apantles.

Debe tenerse mucho cuidado en evitar que se formen charcos en las tierras porque entonces en vez de ser útiles los riegos son muy nocivos; para evitar se practicarán zanjas de desagüe en los lugares bajos que deben señalarse de antemano.

Al cabo de ocho ó nueve días del riego de asiento se da el segundo riego, que tiene por objeto impedir que al desecarse el terreno después del asiento perturbe la primera fase de la vegetación, que es la más delicada.

Después de este riego se esperan algunos días para que el suelo no esté fangoso, cuando se penetre á dar la primera mano de coa con objeto de remover la tierra de los surcos á una profundidad de cuatro á seis pulgadas. Se debe tener cuidado de no lastimar con el instrumento á la semilla y destruir todas las malas hiervas, pues en este período es más nociva que nunca la presencia de las plantas adventicias que ahogarían al nacer á los retoños de la caña.

Como se comprende esta labor, llamada justamente raspadilla, es muy imperfecta, pues además de que la coa hace un trabajo muy superficial los peones no procuran atenuar este inconveniente con su empeño y laboriosidad, sino que por el contrario se contentan con dejar caer la coa por su propio peso sin contribuir con el más mínimo esfuerzo para que penetre, de donde resulta que sólo arañan la tierra, la raspan, de donde le viene probablemente el nombre de raspadilla.

Cuánto más económico para el propietario y benéfico para la planta no sería dar esta labor, por lo menos en aquellos lugares en que la disposición del terreno lo permita con una buena escardadora. Después de la raspadilla ó primera mano de coa, se da el riego de asiento de primera coa que une sus efectos al de la labor precedente, refrescando la tierra y poniéndola en aptitud de suministrarle á la naciente planta todos los elementos para su desarrollo y crecimiento.

Durante el tiempo transcurrido desde la siembra hasta este riego las plantas han nacido por completo, y es el momento más oportuno para proceder á la resiembra.

Después del primer riego de primera coa se da el segundo, dejando entre los dos un intervalo de nueve á doce días, según lo exija el terreno. Este segundo riego es muy conveniente para todo el plantío, pero principalmente para las plantas ó estacas de resiembra.

Se espera algunos días y cuando se haya retenido á una profundidad de ocho á diez pulgadas se da la segunda mano de coa que tiene el mismo objeto que la primera y á la cual hacemos extensivas las mismas observaciones.

Una vez dada esta escarda se dejan transcurrir algunos días para que la tierra se insole convenientemente, bastándole para sus necesidades los abundantes rocíos del mes de Noviembre. Si la caña pide agua, es decir, que empieza á dar señales de languidez se dan los riegos de asiento y de segunda coa, lo que hará desaparecer el color amarillento que se iniciaba en las hojas, este momento se designa en Morelos diciendo que la caña ha perdido su verde.

Tanto las cañas como las plantas adventicias se desarrollan en alto grado debido á estos riegos y con objeto de destruir las últimas se procede á dar otra escarda ó mano de coa. Si esta labor se diera sustituyendo á la coa un buen cultivador, sus resultados serían mucho mejores.

En efecto, este instrumento, provisto por lo menos de cinco rejas, no sólo remueve la tierra á mayor profundidad sino que al arrancar las hierbas las entierra, con lo que se abona y se le da al terreno mayor aptitud para retener el calor solar.

Como en estas diversas labores los peones y animales han destruído ó maltratado los bordos de los canales de riego, debe hacerse recorrer el campo por una cuadrilla de trabajadores para que compongan los desperfectos, á fin de asegurar la circulación del agua del riego de asiento y de tercera coa.

Por esta época comienzan á hacerse sentir en el cañaveral los efectos del próximo invierno, y las cañas que sólo tienen de 120 á 180 días no están en aptitud de soportar los cambios frecuentes de temperatura que sobrevienen en esta época en que las mañanas son bastante frías, contrastando con el calor abrasador del medio día. Estos cambios hacen que los retoños y hojas tiernas se pongan amarillentas anunciando una paralización en las funciones fisiológicas del vegetal lo que debe evitarse con labores y riegos bien distribuídos.

Si se observa que el campo se ha cubierto de nuevas plantas adventicias se dará otra escarda ó mano de coa, con sus correspondientes riegos escalonados, con diez días de diferencia para dar lugar á que la tierra se caliente y airee.

Cuando las plantas adventicias han desaparecido por

completo y el estado del cañaveral es satisfactorio, no es necesaria esta labor y entonces se procede á dar otra muy importante, á la que llaman en el Estado, sobornal.

Esta labor se da con un arado desentrañador tirado por una yunta de bueyes que llevan un yugo de dos varas, con objeto de que puedan caminar por sobre los camellones inmediatos y no estropeen ni arranquen las plantas. Con este arado se abre el medio de los camellones de manera que entre línea y línea de la plantilla quede un surco profundo y dos camellones. Se dan en cada línea dos ó tres pasos á la profundidad media de 40 centímetros para que la tierra se afloje y desmenuce de una manera completa.

Como en esta labor siempre causan algunos desperfectos los animales, se procede después de ella á la limpia y reposición de los apantles y aguatencles, así como á la de los entresurcos, y se da después un riego abundante, llamado riego de asiento de primer sobornal. Este riego es tanto más urgente cuanto que para dar el sobornal se han necesitado varios días, así como para hacer las reparaciones y preparaciones del terreno para recibirlo. Las plantas amarillean y la producción de pelillo es abundante, lo que indica la necesidad de darle agua á la planta. Así es que pasados quince ó veinte días del primer riego de sobornal se dará el segundo, con lo que se conseguirá que la planta recobre el vigor perdido y comience á macollar abundantemente.

Después de todas estas labores el plantío ha alcanzado cierto grado de limpieza y las cañas tienen aproximadamente un metro de altura. Se dejan pasar quince días después del último riego y se dan labores con el arado.

Primeros dos arados.—Para dar estas labores es costumbre hacer uso del arado común de una sola vertedera, al cual se le ponen unos palos de diez centímetros de largo hacia la parte que va cerca de la caña y de quince en la que va del lado opuesto. Todas estas molestias y además la imperfección de la labor podrían evitarse empleando el arado de doble vertedera que produce tan buenos resultados en operaciones de esta clase. Se hace pasar el arado por el surco del sobornal y por los cachetes ó flancos que protegen el pie de las cañas, con lo que se consigue darle una especie de aporque y además destruir y enterrar las hierbas de los entresurcos.

A esta labor corresponden un riego de asiento y segundo de primeros arados con intervalos de diez á doce días.

Como acabamos de decir, esta labor da al plantío una especie de aporque y con objeto de destruir los amontonamientos de tierra se procede á dar una labor llamada primera quita-tierra; creemos que será inútil el que condenemos esta práctica, pues ya nos ocupamos de los aporques ó hicimos ver lo importantes que son estas labores en el cultivo de la caña.

Pasados algunos días de estas labores se darán los riegos correspondientes en época oportuna, pues la planta está en su mayor fuerza vegetativa y necesita tener á su disposición todos los elementos necesarios para su desarrollo; así es que se dará el riego de asiento y el primero de quita-tierra ó labores que lo sustituyan, procurando que el agua recorra todo la suerte de punta á punta.

Además deben darse al terreno sucesivamente dos pasos de arado con sus correspondientes riegos y otra escarificada ó quita–tierra si se sigue la práctica viciosa que aconseja esta operación.

Esta serie de labores se han dado con objeto de remover la tierra para facilitar las funciones de la planta y para extirpar y destruir las malas hierbas, y por consiguiente son inútiles cuando la caña está completamente desarrollada, pues entonces los rayos solares no penetran hasta el suelo y esto impide la producción de plantas adventicias. Cuando esto no sucede, es decir, cuando á pesar de estar completamente desarrolladas las cañas existen todavía entonces, se darán las escardas necesarias hasta su completa extirpación.

A estas labores les llaman en Morelos tlamatecas y las hacen generalmente á mano valiéndose de cuadrillas de muchachos, lo que tiene la ventaja de facilitar la operación, porque los bueyes siempre destruyen algunas acholeras, cuya reparación es muy difícil por el estado en que se encuentran los cañaverales. A esta labor corresponde un riego delgado con objeto de que el terreno no se enfangue para poder dar á los ocho ó diez días otro si fuere necesario.

La caña tiene en esta época de ocho á diez meses y ya es tiempo de darle la zapatilla, que no es otra cosa que un aporque ligero é imperfecto.

La zapatilla se da haciendo uso del arado de doble vertedera, abierto de 28 á 30 pulgadas, que se hace pasar por en medio del camellón formado en la segunda quita–tierra.

No vacilamos en condenar la operación llamada media zapatilla por ser contraria á la ciencia agronómica. Esta operación consiste en amontonar la tierra sólo del lado contrario á aquel por donde recibe el agua la caña, dizque para que madure pronto. Este medio aporque es absurdo tanto desde el punto de vista del cultivo como desde el económico, pues tiene que hacerse á mano, lo que no sólo es dispendioso sino que además de su imperfección como aporque destruye los canalas por donde corre el agua y por consiguiente los riegos subsecuentes serán muy imperfectos. Esto, es tanto más cierto cuanto que mientras en las otras labores los riegos se han dado de una manera paulatina y deteniendo el agua cada 150 á 200 metros por medio de pequeñas compuertas, desde que la caña tiene el desarrollo que hemos indicado los riegos se dan de punta á punta. Así, al dar el aporque ó zapatilla se suelta el agua para dar riego de asiento y después de algunos días el de zapatilla, haciendo que el agua recorra de punta á punta toda la suerte. Este riego se prolonga cuando es necesario haciéndolo entrar por el punto en donde bebe el agua la suerte y apenas haya salido por la extremidad contraria la que se le suministró el día anterior; algunas veces se da uno por la mañana y otro por la tarde.

La caña tiene entonces de diez á once meses y debe dejarse pasar unos cuantos días y aun dos ó tres semanas, cuando la planta no exige el riego, con objeto de que la elaboración del jugo sacarino no se interrumpa y que las cañas proporcionen un guarapo concentrado.

En este intervalo de tiempo se procede á componer los carriles y á limpiar el cañaveral de malas hierbas, hojas caídas, etc., que obstruyen los apantles y mitla-pantles.

Por último, se redondea la suerte, es decir, se deja limpia y completamente arreglada á lo que llaman des-pachar de plantilla determinada parte del cañaveral. En tal estado se entrega la suerte al administrador, el que después de un examen minucioso la recibe ó indi-ca las reparaciones que sean necesarias en los canales, con objeto de que el ultimo riego que se ha de dar á los 15 ó 20 días sea lo más perfecto que se pueda. Es-te riego, tendido, se prolonga hasta que la caña esté próxima á madurar.

Cuando comienza la caña á dar señas de madurez se retira el agua cerrando las tomas y haciendo escurrir, desfleme, la que queda en los canales. Después se vi-gila la marcha de la madurez, que se reconoce por va-rios caracteres prácticos, según la clase de caña culti-vada.

La caña criolla cuando está madura se cubre de una capa cerosa de color blanco que no es otra que la cero-sia; los cañutos toman un color amarillo—verdoso con franjas negras.

Las cañas cristalinas y de Otahití se vuelven ama-rillo—pajosas, ligeramente transparentes en los entre-nudos de la primera.

Las moradas presentan esta coloración uniforme en los entrenudos y las rayadas tienen rayas violetas bien definidas, sobre un fondo amarillento.

Los campesinos emplean un procedimiento muy sen-cillo para conocer la madurez de la caña, que consiste en arrojar un tallo bien limpio á la mayor altura posible; si al caer no se rompe, es señal de que la caña está en sazón, pero si la caña se parte en pedazos, es indicio de que todavía está tierna.

CAPITULO XIII.

CORTE DE LA CAÑA.

En el corte de la caña hay dos problemas esenciales que resolver: 1º el momento preciso en que debe ejecutarse el corte, y 2º la manera más propia de hacerlo.

Para determinar la época en que la caña ha llegado á su madurez industrial, es decir, aquella en que los entrenudos contienen la mayor cantidad de azúcar cristalizable, con exclusión ó por lo menos con ínfima cantidad de azúcar incristalizable, ya hemos indicado los procedimientos de que se valen los agricultores del país para determinarla. La operación de este punto es tanto más importante cuanto que si se procede al corte fuera de tiempo los resultados obtenidos serán muy inferiores á lo que era de esperarse en un cultivo hecho con cuidado.

Si el corte es prematuro, cuando aún la caña no ha elaborado todos sus jugos, no sólo el rendimiento en guarapo es poco considerable, sino que la presencia de los ácidos y del azúcar incristalizable hacen muy costosa la extracción del azúcar, la cantidad producida disminuye y la calidad del producto es mala. Si por el contrario, se hace el corte después de haber pasado la época de la madurez, además de los peligros del acame, á que está expuesto el cañaveral, la cantidad de guarapo, y por consiguiente de azúcar, disminuye

notablemente, aumentando en cambio la cantidad de substancias leñosas; en tal estado de la caña la extracción del jugo se dificulta mucho por la dureza que toman los tallos.

En cuanto á la manera de cómo debe procederse al corte, nos parece que á pesar de todo lo que se ha escrito, no ha llegado á aclararse la cuestión de una manera precisa, pues mientras que algunos autores aconsejan que el corte se haga por una sección normal al eje del tallo, otros piensan que es más conveniente hacerla oblicua á él. Nosotros creemos que con los instrumentos que poseemos actualmente es muy difícil, si no imposible, hacer el corte horizontal.

Sobre lo que sí no debe caber ninguna duda, es respecto al punto en que deba hacerse la sección, se procurará que esta sea lo más cercana á la superficie de la tierra para evitar los desastrosos efectos que trae el dejar parte del tallo fuera de tierra. En efecto, cuando queda un fragmento de caña fuera de la superficie pueden acontecer una de estas dos cosas: ó se deseca la parte dejada fuera haciéndose sentir los efectos del desecamiento hasta la cepa, con lo que perece la parte subterránea, en cuyo caso será imposible cultivar la soca, ó no tardan en aparecer los retoños aéreos que son de tan fatales consecuencias para la producción subsecuente del cañaveral.

Cuando la ó las yemas que han quedado á flor de tierra se desarrollan y producen un retoño, éste permanece siempre mezquino y nunca llega á tener una vida independiente que le permita procurarse por sí mismo su alimentación en el terreno; esto trae por consecuencia que el retoño subterráneo, el único verdaderamente útil, no pueda desarrollarse en buenas condiciones, pues el primero le ha substraído gran parte de los alimentos que le son necesarios, haciendo que los retoños, el aéreo y el subterráneo, crezcan mal y no correspondan á la utilidad que del cultivo de la soca debe esperarse.

Lo dicho anteriormente es suficiente para demostrar que el corte debe hacerse siempre lo más cerca de la tierra que sea posible, tanto para aprovechar la mayor parte del tallo como para procurarle buenas condiciones de crecimiento al retoño subterráneo.

Aclaradas tan importantes cuestiones, vamos á indicar ahora el procedimiento que debe seguirse para la cosecha.

En primer lugar, debe determinarse con anticipación y de una manera precisa, la cantidad media de caña que puede molerse durante las horas de trabajo, para evitar el que sobre caña, que perderá gran parte de su riqueza con el transcurso de un tiempo más ó menos largo después de cortada, ó que falte caña en determinado momento de la molienda, que traería interrupciones en la marcha regular de la operación.

Una vez determinada la cantidad de caña que debe molerse durante un día de trabajo, se procede á calcular el número de hombres que es necesario para cortar la cantidad de caña, y los que se necesitan para levantarla y acarrearla hasta el punto en donde deben ser cargados los carros que la conducirán hasta el trapiche.

Por último, hay otro punto muy importante que es conveniente estudiar antes de proceder al corte, y es el determinar en qué lugar del plantío se ha de comenzar el corte. En general, lo más conveniente es comenzar por la parte en que la caña esté más madura; pero se suelen presentar algunos casos especiales que no es por demás analizar.

Cuando la zafra se comienza en la época de lluvias, como sucede algunas veces, lo más conveniente es comenzar por los puntos más distantes del ingenio, para que cuando sobrevengan las aguas sea más fácil la operación por haber llegado á puntos más cercanos del ingenio.

Si uno de los cañaverales estuviere tan lejos que se necesitara un tiempo muy largo para el transporte, se dividirá el corte en dos secciones, una que opere en el cañaveral más distante y otra en el más cercano, con objeto de que haya siempre la caña necesaria para la molienda.

Cuando el cañaveral que se va á cortar ha producido ya la banderilla ó sea la rama florífera, que haya sufrido algún incendio ó que esté demasiado maduro, es necesario establecer también dos cortes, pues necesitándose de alimentos para el ganado, éste no puede ser suministrado por el primer cañaveral en cualquiera de los casos que hemos señalado, y hay que recurrir á otro que esté en mejores condiciones bajo el punto de vista de la producción del forraje.

Cuando la caña que se muele es muy jugosa y produce poco bagazo, y éste es necesario para la evaporación y concentración de los jugos, hay necesidad de mezclarla con cañas de otra procedencia que subsane la falta de la primera produciendo mayor cantidad de materia leñosa.

El corte de la caña se hace con un instrumento ace-
rado, en forma de cuchillo alargado, cuya punta es curva y al que le dan en el país el nombre de machete. El
machete debe estar siempre muy bien afilado, porque
de lo contrario, al dar el peon encargado del corte el
golpe, no cortaría bien el tallo sino que seccionaría sólo una parte y ocasionaría la ruptura de los tejidos en
el sentido longitudinal hasta el plano nodal más próximo.

La lesión ocasionada de esta manera será de fatales
consecuencias para la cepa, que no tardaría en podrir-
se ó desecarse.

La operación del corte se ejecuta de la manera siguiente: el obrero toma con la mano izquierda el tallo
por su parte media, con la punta del machete descubre
el pie de la caña separando la paja que lo cubre; hecho esto se inclina un poco y de un solo golpe corta la
caña; después por un movimiento rápido limpia de tlazol la mitad inferior de la caña y volteando ésta corta
la extremidad, cuidando de quitar toda la parte verde.
Cortada la caña la arroja en el entresurco y continúa
con la siguiente de la misma manera.

El cortador puede seguir una sola línea ó bien colocarse en el entresurco é ir cortando las cañas de las
dos hileras colocadas á derecha é izquierda.

En algunas partes se acostumbra amarrar la caña
en haces para transportarla á las carretas, pero creemos innecesaria y costosa la operación á pesar de que
la hacen mujeres y niños. Cuando la caña está aca-
mada, es decir, tendida en el suelo, se procede de otra
manera. El peón corta primero el cogollo y toma la

extremidad de la caña, corta un primer trozo, después levanta el tallo, lo corta en el pie y lo limpia perfec-tamente.

Debemos de hacer una observación muy importante que jamás debe olvidarse. Al hacer el corte de la parte superior debe tenerse mucho cuidado para que no quede nada de la parte verde, porque ésta contiene grandes cantidades de azúcar incristalizable y poca ó nada de la cristalizable, lo que es de graves consecuencias, pues no sólo opone dificultades á la extracción del jugo sino que lo acidifica mucho.

Algunos autores han pensado en sustituir el machete que siempre hace un corte imperfecto, por una segadora semejante á la que se emplea para los cereales, pero hasta hoy no se han podido resolver las dificultades técnicas que se presentan y sobre todo el procedimiento no es aplicable en el caso frecuente en la práctica de que las cañas estén acamadas.

Para terminar vamos á abordar una parte muy importante, no porque en sí misma sea tan trascendental, sino porque ejecutada como lo hemos visto en infinidad de ingenios trae consecuencias tan perniciosas como las que ocasionaría un incendio. Nos referimos al transporte de la caña que en casi todas nuestras haciendas se hace por medio de carros de los más primitivos y tirados por dos ó más yuntas de bueyes.

Es costumbre muy general hacer penetrar estos carros hasta el punto en que se está haciendo el corte, y para llegar á él los conductores no toman ninguna precaución lo que origina una destrucción tan inconsiderada de las cepas que al paso de un carro queden marcados en el suelo dos profundos surcos en donde con toda seguridad no volverá á brotar una caña si no se tiene la precaución de resembrar, lo que es completamente anti-económico. Las ruedas al pasar trituran no sólo la parte exterior de las cepas sino que sus efectos se propagan hasta las últimas raíces, produciendo una putrefacción segura, que hace que se pierdan por completo las cañas de la soca.

Otro tanto decimos respecto á los bueyes, que trituran bajo su planta todo lo que encuentran á su paso.

Además la tierra es fuertemente comprimida y esto trae por resultado el que se formen relieves y depresiones de los más impropios para los riegos.

Todos estos inconvenientes pueden subsanarse fácilmente con una juiciosa distribución de las guarda-rayas en las que solamente se permitirá la circulación de los carros. A dichas guarda-rayas será conducida la caña por hombres ó mejor con asnos y mulas y de aquí será tomada por los carros para conducirla hasta la fábrica.

Indudablemente que mejor que carros es el empleo de los sistemas de ferrocarriles portátiles de Decauville y Doxvill en las explotaciones de importancia. De esta manera no sólo se disminuyen considerablemente los gastos de transporte sino que se economiza mucho tiempo, con lo que se gana bajo todos conceptos, pues es sabido que la caña pierde mucho con una exposición prolongada al sol después de cortada. En aquellas regiones en que el terreno es accidentado y no es posible el acarreo por medio de carretas no son aplicables los sistemas férreos por el gran desarrollo que

se le tendría que dar á las redes ferroviarias. En tal caso se emplea con buenos resultados el sistema de planos inclinados, es necesario que los planos inclinados estén colocados de una manera muy bien estudiada para evitar que las cañas se maltraten, pues cuando sufren contusiones están muy expuestas á fermentar.

CAPITULO XIV.

Cultivo de las socas.

Después de que ha sido cosechada la caña de una plantación quedan en el terreno las cepas que la produjeron y como estas cepas tienen la propiedad de producir retoños que pueden aprovecharse de una manera ventajosa para obtener nuevas cañas, es costumbre cultivarlas por espacio de dos á tres años y aun hay terrenos en que no desmerecen las plantaciones después de ocho ó diez años de cultivo.

A estos cultivos se les llama, de soca al primero que sigue al de planta, resoca al segundo, trisoca al tercero y así sucesivamente.

Como sabemos, después de cosechada la planta queda el terreno cubierto por las hojas y los cogollos que se han cortado. En este estado no es posible cultivar el cañaveral, porque la permanencia de las hojas más ó menos secas no permite la evolución de las yemas y por consiguiente es preciso eliminar ese obstáculo; para conseguirlo se siguen dos procedimientos que vamos á analizar á continuación.

Quema de los cañaverales.—La quema de los cañaverales se ejecuta de la manera siguiente: Se espera un día sereno, con un viento fresco pero poco fuerte y se le prende fuego al campo comenzando por el punto de donde viene el aire; antes de hacer la operación se han situado en las guarda-rayas, convenientemente limpias, cierto número de peones encargados de evitar que el fuego se propague más allá del cañaveral de que se trata.

Después de la quema es conveniente dar una labor por los entresurcos para enterrar los despojos y si es posible un riego prolongado durante unas cuarenta horas.

Este procedimiento es muy afamado en la Isla de Cuba por los beneficios que se obtienen con enterrar las cenizas, que forman un magnífico abono para la caña, pero creemos que no puede resistir á la crítica más ligera, pues bajo la apariencia de un gran beneficio sólo constituye la operación más detestable que pueda practicarse en un campo cultivado.

En efecto veamos las consecuencias de tal práctica. En primer lugar las hojas quedan repartidas después del corte sobre todo el terreno y cubren por completo no sólo los entresurcos sino los surcos mismos y por consiguiente tapan las cepas. Al prender fuego al cañaveral, la tierra se calienta y los gérmenes de las malas hiervas que en él se encuentran son destruídas, pero también lo son las yemas que habrían de suministrar los retoños subterráneos y aéreos, y de esto se origina que en los campos limpiados de esta manera sean más los claros que los lugares en que aparecen los retoños. Además, no sólo sufren las yemas sino que hasta las raíces más profundas suelen propagarse los estragos del incendio, sobre todo en aquellos lugares en que se amontonan mayores cantidades de tlazol. Por último, la tierra se deseca por la acción del calor y no es extraño que si no llueve á tiempo ó se da un riego con oportunidad raras sean las plantas que crezcan de una manera aunque sea mediana.

Este gran defecto de la quema que no habrá quien ponga en duda ha originado una variante, que sólo atenúa el mal, pero de una manera tan leve que no merece fijar en ella la atención. El procedimiento consiste en limpiar el pie de cada cepa en una superficie como de una vara en cuadro para que no lleguen hasta ella los efectos del incendio y ¿se evitan de esta manera la muerte de las yemas y raíces y el desecamiento rápido de la tierra? De ninguna manera. Como sabemos el tronco y las raíces de la caña quedan á una profundidad tan pequeña, que protegidos estos órganos tan sólo por una débil capa de tierra no puede evitarse el que llegue hasta ellos el excesivo calor desarrollado por la combustión, y no sólo perecen un gran número de yemas sino que las raíces sufren mucho y se desecan.

La única ventaja que podemos atribuirle á este procedimiento es que se pierden menos cenizas, porque en el primero sólo se aprovechan las que quedan en el fondo del surco, pues las que están en el entresurco no son atacadas por las máquinas aratorias, sino que quedan á merced del viento, que las arrastra fuera del terreno ó las reparte de una manera muy irregular.

En tales condiciones no cabe duda de que la opera-

ción es muy peligrosa, pues sería necesario que todas
las capas estuviesen cubiertas por una capa profunda
de tierra para evitar los efectos que hemos señalado.

D. Alvaro Reynoso, que aunque no se muestra muy
partidario del procedimiento, tampoco lo ataca de una
manera decidida, aconseja un procedimiento que podemos clasificar como mixto, pues sólo se quema una parte de las hojas, la superficial, y la otra, la profunda, se
entierra.

Sólo de esta manera y en casos muy precisos admi-
timos la quema de los cañaverales.

El procedimiento aconsejado por Reynoso, que ha
sido generalmente aceptado en la Isla de Cuba, consiste en prenderle fuego al campo, darle candela, un día
después de que ha caído sobre él una abundante lluvia
y le ha seguido otro de buen sol.

De esta manera la parte superficial del tlazol se deseca fácilmente, mientras que la parte inferior y la tierra que está en contacto con ella permanece bastante
húmeda y no permite el acceso del fuego. Hecho esto
se procede á dar una labor profunda que entierre las
cenizas juntamente con el tlazol que haya quedado, con
lo que se le restituye á la tierra una parte de la materia orgánica, juntamente con algo de materias minerales bajo forma de cenizas.

En el Estado de Morelos se ejecuta la limpia del cañaveral de una manera que nos parece más racional,
aunque es un poco más costosa.

Se extraen del campo la mayor parte de los despojos
y se les prende fuego en las guarda-rayas. De esta manera se aprovechan las cenizas y se evitan los estragos

del fuego. La pequeña parte del tlazol que ha quedano en el terreno es enterrada por las labores y favorecidas con los riegos abundantes que se le suministran al campo no tardan en descomponerse.

Debemos hacer notar que muy rara es la hacienda del Estado de Morelos en que se practica el cultivo de la soca y mucho menos de la resoca. Allí cada año se hacen nuevas siembras, sin duda porque la tierra está ya agotada después de tantos años de cultivo de la caña en el mismo lugar sin el empleo de los abonos. En cambio, hay otros Estados de la República en donde solamente se siembra cada diez años sin que desmerezcan en nada los cañaverales durante ellos.

Entierre del tlazol.—Los hacendados que se han llegado á dar cuenta exacta de lo perjudicial que es para sus intereses quemar los cañaverales después de las cosechas, entierran el tlazol para limpiar los campos. Para eso se da primero una labor profunda, con arado desentrañador algunas veces, y después se hacen caer dentro del surco las hojas que han quedado en el entresurco dando otra labor para completar la operación.

El objeto principal de esta manera de proceder es contribuir al enriquecimiento de la tierra en matillo, lo que no sólo suministra un buen alimento á la caña, sino que mejora notablemente las propiedades físicas y químicas del suelo.

Veamos en qué condiciones se ejecuta el fenómeno para poder desprender de él las consecuencias naturales.

En primer lugar son necesarios tres factores indispensables para que la descomposición de las hojas se verifique, y son: calor, aire y humedad.

Si las hojas permanecen en un terreno demasiado seco, como falta el principal factor, que es el agua, la descomposición será muy lenta, y la acumulación de las hojas año tras año en el fondo del surco no será de gran utilidad. Así es que sólo debe procederse á enterrarlas cuando el suelo tenga un grado conveniente de humedad y puedan ser inmediatamente descompuestas para suministrarle á las plantas los alimentos necesarios.

Esta circunstancia ha hecho aconsejar que la operación se ejecute inmediatamente después de cortadas las cañas, pues cuando las hojas están verdes la descomposición es más rápida.

Son tan notables los efectos que produce esta práctica que los peones se disputan los terrenos en que han sido enterradas las hojas, debido á que á la hora de dar las labores oponen muy poca resistencia al paso de los arados, y el esfuerzo que tiene que hacer para dirigirlo es mínimo. Además, como verdaderamente el abono queda en el fondo del surco, situado entre dos hileras de cañas, este abono ejerce una atracción marcada sobre las raíces de la cepa que se extienden mucho, lo que aumenta su radio de acción y favorece la producción de los retoños.

Es tan notable la acción producida en el terreno por las hojas enterradas, que algunos hacendados de la Isla de Cuba que practican esta operación, se ven obligados á deshijar las cepas por los numerosos retoños que se producen y que se estorbarían los unos á los otros. Además, es un hecho observado que, procediendo de esta manera, no sólo no desmerecen los cañaverales con el cultivo de las socas, sino que por el contrario mejoran de año en año, pudiendo durar hasta diez ó doce en buen estado de producción.

En aquellas partes de nuestro país en que el cultivo de la caña está en su estado primitivo se tiene la creencia errónea de que el cultivo de las socas debe hacerse para dejar descansar la tierra, y lo primero que se proponen es acompañarla descansando también abandonando los retoños á sus propias fuerzas y al cuidado de la naturaleza. ¡Lamentable error! Las socas en general exigen, para que su cultivo sea remunerador, que se tengan con ella los mismos cuidados que con las plantaciones nuevas, y sólo á costa de grandes cuidados y trabajos se logra aprovechar la facultad que tiene la caña de retoñar.

Creemos que si no se le ha de prodigar á las socas la misma atención que á las cañas de planta, más vale no cultivarlas, porque aunque de esta manera se tengan que hacer nuevos gastos de plantación, los productos compensarán con creces estos gastos.

Si consideramos las socas desde un punto de vista diferente al en que hasta aquí nos hemos colocado no dejaremos de darnos cuenta de su utilidad. Cultivando la soca y la resoca, por ejemplo, el espacio que media entre dos hileras de cañas está en cierto modo descansando y enriqueciéndose con las hojas y abonos que se pongan en el terreno, así como recibiendo la acción benefactora de las labores. No así la parte en que están las cepas, ésta es la que casi exclusivamente contribuye á la alimentación de las cañas. Ahora bien, si á los tres años se destruye el cañaveral y se procede á sembrar de nuevo teniendo cuidado de que las cañas queden colocadas precisamente en el lugar en que antes estuvo el surco, allí encontrarán almacenadas grandes cantidades de alimentos que á medida que se agoten se irán acumulando en el surco que han de ocupar después las cañas, y así sucesivamente en los demás períodos.

Como es natural, para que la operación así ejecutada surta los efectos que le hemos asignado, se necesita contar con los abonos y con las labores, y por consiguiente, no deben omitirse principalmente las últimas, so pena de hacer una operación poco lucrativa, ó por lo menos desperdiciar una gran parte de las utilidades que se pueden retirar del suelo.

Tiempo es ya de que entremos de lleno al objeto especial de este capítulo, pues creemos que nuestros lectores estarán convenientemente preparados para darse cuenta de los fundamentos en que se apoyan las diversas labores que vamos á describir.

Como cuando hablamos del cultivo de la caña de planta, dividiremos nuestra exposición en dos grupos: el primero comprenderá el cultivo de la soca cuando no se hace uso de los riegos, y el segundo, cuando se recurre á este artificio.

Cultivo de la soca sin hacer uso de los riegos.—Como ya indicamos anteriormente, lo primero que debe hacerse es limpiar perfectamente el campo por medio de alguno de los procedimientos indicados, procurando que la operación sea ejecutada cuando se presente la proximidad de algún aguacero, para conseguir que con esto la tierra esté en buen grado de humedad.

Inmediatamente después se procede á dar una labor

con el arado bastante abierto para que vaya arrojando la tierra sobre la cepa y la cubra en parte; al dar esta labor se hace que una cuadrilla de muchachos vaya limpiando bien las cepas y amontonando bien la tierra sobre ellas.

Una vez hecho esto, se hace pasar un arado que profundice bastante para remover bien el fondo del surco.

Entre estas dos operaciones está el momento más oportuno para derramar en el suelo el abono que sea más conveniente, haciéndolo llegar al campo en costales; los mismos muchachos encargados de cubrir la capa pueden esparcir el abono en el terreno. Si se hace pasar después el arado, aunque profundice menos, se logra enterrar bien el abono.

Pasados algunos días, si el agua viene á favorecer la germinación, el campo se cubre de retoños; debe procederse inmediamente á practicar la resiembra, pues gran número de cepas no producen ningún retoño.

Resiembra.— No todos los agricultores están de acuerdo sobre la manera de ejecutar esta operación, ni sobre sus resultados, pero nosotros creemos, salvo algunos inconvenientes de detalle, que es una operación que jamás debe dejarse de practicar, pues no sólo subsana la falta de las cepas muertas, sino que las que están débiles son reemplazadas por otras más vigorosas.

La resiembra de la soca debe practicarse de la misma manera que la siembra de la plantilla. Con objeto de evitar el retardo natural en que se encontrarían las cañas nuevamente sembradas con los retoños de las cepas, es conveniente proceder de esta manera.

Al hacer el corte de la caña de planta se deja sin cortar determinada superficie, y una cuadrilla de resiembra se encarga de ir señalando los lugares en que se ha de plantar nueva semilla. Hecho esto, se procede á cortar las estacas necesarias con las mismas precauciones que ya hemos indicado, y se le va colocando en el lugar que ocupaban las cepas que se reemplazan. Al hacer la resiembra se procurará arrojar en el fondo de cada agujero un poco de estiercol ó de algún abono concentrado á fin de favorecer el desarrollo inicial de la nueva planta.

Si se pudiera dar un riego, aunque fuera á mano, sobre la resiembra, se obtendrían mejores resultados.

Después de practicada la resiembra y que han aparecido todos los retoños, se deberán dar á tiempo las escardas y binazones necesarias, así como las otras labores de que ya nos ocupamos en el cultivo de la plantilla, con objeto de mantener el campo siempre en buen estado de limpieza, pues sólo de esta manera se logra desterrar las plantas adventicias que son tan perjudiciales para la caña.

En general el cultivo de la soca debe hacerse de la misma manera y con los mismos cuidados que si se tratara de un campo nuevamente sembrado.

Cultivo de las socas haciendo uso de los riegos.—En el Estado de Morelos y en algunos otros del interior de la República en que se cultiva la caña empleando el sistema de riegos, se usa poco el cultivo de la soca y casi nada de la resoca y polisoca, debido á que no pagan los gastos crecidos de cultivo, ó por lo menos no producen la ganancia apetecida.

A pesar de esto, como todavía se practica en algunos ingenios y como tenemos la convicción de que practicado el cultivo de las socas de una manera conveniente puede dar resultados iguales á los del cultivo de plantilla, vamos á hacer una ligera exposición del procedimiento que se sigue en algunas fincas de Morelos, convencidos de que su aplicación á cualquiera otra localidad del país que esté en condiciones análogas dará buenos resultados.

Como ya indicamos, se limpia el cañaveral enterrando después las cenizas que provienen de la quema del tlazol hecha fuera del cañaveral, por medio de las labores necesarias, y se dejan pasar algunos días para que la tierra se ponga de punto.

Cuando se ha lógrado esto, se procede á dar el primer fierro, haciendo pasar el arado por los flancos de la cepa para descalzarla y aflojar bien la tierra que cubre las entrelíneas.

Muchas veces sucede que la cepa empieza á producir sus retoños antes de esta labor, debido á las buenas condiciones del clima y de la tierra; este indicio debe hacer que se apresuren las labores para que el campo tenga homogeneidad por el desarrollo simultáneo de todas las yemas.

Cuando la suerte está bien preparada, se da inmediatamente el primer riego teniendo las mismas precauciones, y en igual cantidad que para el cultivo de la plantilla.

Cuando el terreno está bien húmedo, se suspende la corriente de los tenapantles y se deja descansar la tierra por varios días para ver si la aparición y crecimiento de los renuevos se hace de una manera regular.

Siempre sucede que los retoños no aparecen en algunos sitios ó se mueren apenas han nacido, y de aquí la necesidad de hacer la resiembra tal como la hemos descrito anteriormente. Este será el momento oportuno para resembrar, teniendo cuidado de cubrir bien la plantita ó la estaca, y de poner un poco de abono en el fondo del surco.

Después de la resiembra se dará un riego abundante principalmente cuando la tierra es porosa y se deseca pronto. Este riego se llama "segundo de primeros arados" y debe tenerse cuidado al darlo para que no se formen achololes dentro del plantío, conteniendo la corriente cuando se teman los deslaves.

Se dejará correr el riego durante una semana para que la humedad penetre hasta el subsuelo.

A esta semana debe seguir un período por lo menos que sea de quince días sin tocar el terreno, para que la tierra se oree bien.

Primer sobornal.—Este se da con un buen arado que profundice para que la meteorización sea perfecta y para dejar entre las líneas de retoños un buen surco por donde pueda correr el agua libremente al dar los riegos.

Riegos de asiento y segundo de sobornal.—Estos dos riegos contribuyen poderosamente para activar el encañe y la aparición de las yemas del macollo.

Después de continuar las labores en el mismo número y orden que para cultivar la plantilla, tales como la quita–tierra, segundos arados y pasos del cultivador, tlamateca, zapatilla, aporque y despache, entién-

-dese que cada una de estas labores ha de ir acompañada de los riegos correspondientes, dejando entre una
y otra un intervalo por lo menos de quince á veinte
días, para que los efectos de estas labores tengan tiempo de manifestarse.

Después del despache se dará el riego de tendendida
que deberá durar hasta dos semanas antes del corte.

Debido á estas labores, los tallos se desarrollan convenientemente y la producción de macollos es muy
considerable.

Cuando la madurez ha llegado á su término industrial, se procede á la zafra de la misma manera que indicamos al ocuparnos de este punto en el capítulo co-
rrespondiente.

Si la riqueza del terreno es suficiente para producir
una nueva cosecha, no habrá inconveniente en cultivar
la resoca, y el mejor indicio que puede guiar al cultivador es el rendimiento en cañas de la soca y la riqueza sacarina del jugo obtenido. Cuando éste, á más
de abundante, es rico en azúcar, puede cultivarse la resoca en la seguridad de obtener buenos resultados, pero si el jugo es pobre y raquíticas las cañas de que proviene, hay necesidad de abandonar la resoca ó aprove-
charla únicamente como forraje.

Las mismas consideraciones que hasta aquí hemos
hecho relativas al cultivo de la soca y la resoca, pue-
-den aplicarse á la trisoca y en general á las polisocas.

CAPÍTULO XV.

ENFERMEDADES Y ANIMALES QUE ATACAN Á LA CAÑA DE AZÚCAR.

Enfermedades de la caña.

Cansados hasta la saciedad estamos de oir infinidad de lamentaciones sobre las mil enfermedades que atacan á las plantas cultivadas, y ahora que, para hacer más completo este estudio, hemos leído detenidamente varias obras escritas por autores de nota, hemos podido comprobar nuestro aserto al ver que cada autor le asigna por lo menos dos ó tres enfermedades de la caña, unas debido á parásitos animales y vegetales, otras á la presencia de tal ó cual substancia orgánica ó mineral y, por último, hasta el agua de lluvia se le atribuyen las causas de enfermedades, cuyo origen no está en ninguno de estos agentes sino en el cultivador mismo que ya por ignorancia, ya por fuerza, no tiene el cuidado de seguir en sus plantaciones las reglas del cultivo científico, sino que en alas de un empirismo tan absurdo como inconciente, se entrega á toda clase de prácticas que van conduciendo al vegetal paso á paso, á un estado de debilitamiento y de receptividad de todos los gérmenes morbosos, que al primer síntoma, á la primera causa predisponente, son atacados de enfermedades más ó menos graves, pero que desacreditan sin cesar á la planta y la conducen á su ruina y abandono.

Que se estudie detenidamente el origen de las enfermedades de la caña, de la vid, de la remolacha y de la papa, y se llegará á esta conclusión final: los métodos de reproducción y de cultivo son malos, no las plantas cultivadas.

Las causas á que atribuimos estos hechos se irán presentando á medida que enumeremos algunas de las principales enfermedades; pero vamos á hacer algunas consideraciones generales antes de entrar en materia.

Sea cual fuere el vegetal que se cultive, el método natural de reproducción es el de semillas: asimismo, los métodos generales y también naturales de multiplicación de algunas plantas son por medio de bulbos, tubérculos, etc.

Asentado este hecho innegable, cualquier otro procedimiento que se siga para la multiplicación es forzosamente artificial, contranatural, y por consiguiente expuesto á mil peligros.

Ahora bien, cuando se sigue cualquiera de los métodos de reproducción artificial conocidos, con una planta de un solo tallo los inconvenientes de estos métodos de cultivo son atenuados en parte y sólo pueden aparecer los defectos después de un gran número de años y aun de siglos y, por consiguiente, pueden considerarse como hipotéticos.

Si por el contrario la multiplicación artificial se efectúa en un vegetal que crece en cepa, y si la mutilación se hace sin herir ó matar la planta madre, ésta produce la formación de nuevos retoños destinados á reemplazar los tallos quitados, y si, por último, el corte se ejecuta con frecuencia, los resultados del procedimiento serán claros y precisos.

En efecto, las hojas y los tallos son los órganos que

elaboran y acumulan los jugos nutritivos que sirven más tarde para el crecimiento de las raíces y demás órganos del vegetal. Al cortar el tallo se le quitan á la raíz estas reservas alimenticias y puede compararse á un animal que se alimente de una manera pródiga, una vaca lechera, por ejemplo, para extraer de ella los productos elaborados. ¿Degenera ó se enferma la vaca porque se la ordeñe ó el borrego porque se le trasquile? De ninguna manera. Pues lo mismo pasa con los vegetales de cepa cuando se le cortan los tallos.

Asentado esto, ¡cuál es el origen de las enfermedades de la caña y en general de la mayor parte de las plantas cultivadas? Podemos atribuirles las causas siguientes: Primero, cuando se cultiva una planta y se cría un animal, fuera de su región originaria, se determina en ella una modificación que un autor compara al estado de anoxohemia ecuatorial que suele presentarse entre individuos de países fríos que permanecen por algunos años en los países de la zona tropical; segunda, al estado de receptividad patológica producida por una idiosincracia transmitida continuamente por herencia. Estas dos causas producen seguramente todas las afecciones parasitarias de las plantas.

¿Cómo se llega á estas causas determinantes? Por los procedimientos de cultivo. En efecto, modificando por el cultivo las condiciones naturales y propias de las plantas, han llegado á producir los cultivadores en el transcurso de los siglos variedades de caña, vid y otras de raíces atávicas débiles. Han llegado á fabricar para los nemátodos é insectos que viven en la tierra variedades de raíces comestibles, semejantes á los que los horticultores han obtenido para el hombre, bajo la forma de legumbres con partes carnosas de buen gusto y sin la dureza y amargura que los preservarían contra el ataque de los animales.

Debido á esto los insectos, cuya existencia ha sido asegurada por la producción de alimentos favorables, se han producido fácilmente, así como también los parásitos vegetales, y por la destrucción que causan en los órganos esenciales á la vida de la planta han producido los diversos estados morbosos conocidos actualmente con los nombres de enfermedades de la caña, la vid, el sereh, la filoxera, etc., en las cuales las lesiones ó la destruccion de las raíces son la causa de la muerte del vegetal. Esta teoría puede comprobarse de una manera experimental con cualquiera de las plantas enumeradas, y para no citar más que un ejemplo escogeremos el experimento de Raoul, que es de los más concluyentes.

En el centro de un cañaveral invadido por las enfermedades parasitarias siémbrase una caña espontánea (Saccharum Spontaneum), y ésta vegetará perfectamente formando un notable contraste por su robustez y lozanía con las plantas raquíticas y marchitas que la rodean.

Hay otras dos causas que pueden también producir el debilitamiento de la caña sin llegar á causarle la muerte y que forman los estados intermediarios con las causas anteriormente enumeradas. El primero es el pequeño número de insectos que pululan en el campo cultivado y por cuyos ataques, siendo de poca gravedad, la planta no muere sino que se desarrolla raquítica, permaneciendo así toda su vida. El segundo estado obedece al agotamiento del suelo debido á un cultivo continuo y sin el auxilio de los abonos, en este caso la planta no muere pero permanece también raquítica y delgada. En ambos casos la planta atacada de anemia parece adolecer de alguna enfermedad específica, siendo que solamente le falta robustez.

Por último, es un hecho plenamente comprobado por la práctica y la experiencia que cuando se saca un vegetal de su región ordinaria para cultivarla en otra, por más ricos que sean los terrenos y el clima más favorable las plantas son heridas al cabo de algunas generaciones en los órganos esenciales para la producción de la especie, es decir, en los de la fecundación, y esta modificación, cuyo último término es la desaparición de la raza por infecundidad, se traduce entre las dos ó tres generaciones que han podido perpetuarse, por un estado patológico que hace de ellas el terreno más favorable para el desarrollo del parasitismo.

Aunque sólo pensábamos ocuparnos de las modificaciones patolóigicas debidas al agotamiento del suelo, hemos creído conveniente hacer estas consideraciones generales para hacer más comprensible nuestra idea.

Este estado de agotamiento es el que hace que las cañas que lo sufren sean invadidas en razón de su receptividad rápidamente por los parásitos vegetales que existen en el terreno ó son llevados á él por las mil causas de propagación conocidas.

A esto es á lo que deben atribuirse sin duda alguna los estados particulares de la caña, conocidos en diversos países con los nombres de enfermedades ú hongos

de la caña y algunos de los cuales vamos á describir ligeramente.

Degeneración de la caña.

Aunque propiamente la degeneración de la caña, si es que en realidad existe, no debe ser colocada entre las enfermedades, pues no obedece á la presencia de ningún germen morboso, la ponemos en este lugar porque, como dice un autor, si no es una enfermedad de la planta, sí lo es del que la cultiva, y como en este concepto estamos conformes vamos á hacer algunas consideraciones sobre la llamada degeneración, aunque lo que llevamos dicho sería bastante á explicar sus causas y remedios. Como es notoriamente sabido, los individuos que provienen de granos fecundos pueden desviarse más ó menos del tipo de que provienen y á esta desviación es á la que se deben las variedades y los nuevos tipos y aun algunas monstruosidades.

En este caso la degeneración no puede ponerse en duda y los mil azares de la fecundación vegetal son las causas predominantes de las alteraciones específicas que se observan frecuentemente. Esta variación es tan marcada que en algunas plantas cultivadas, el lino por ejemplo, la degeneración es tan rápida que hay necesidad de renovar con frecuencia la semilla para combatir los inconvenientes de esta tendencia.

Se sabe también que los únicos procedimientos para perpetuar una variedad son el injerto y el acodo. Este último conserva mucho mejor que el injerto la pureza del tipo, porque la influencia del individuo en que el

injerto se planta siempre se hace sentir, provocando
modificaciones, aunque ligeras. Así es que de los dos
hechos que hemos asentado se deduce que mientras que
la reproducción por grano engendra casi constantemente la degeneración de la caña, en el procedimiento de
multiplicación por acodo se fijan de una manera constante todos los caracteres del individuo.

Ahora bien, encontrándose la caña de azúcar en este segundo caso, es claro, natural, que ó no existe tal
degeneración ó lo que con este nombre se conoce es
otra cosa que obedece á causas distintas.

Si tomamos una variedad cualquiera de caña y la reproducimos por medio de estacas, que son una variedad
del acodo, se producirán plantas más ó menos abundantes, se desarrollarán éstas más ó menos bien, según
el procedimiento de cultivo que se siga, pero siempre,
eternamente, se producirá la misma caña sin que nada haya podido alterar el tipo.

Puesto que estos hechos ni siquiera deben ser discu-
tidos por estar ya consagrados por la observación de
muchos años y comprobados por la experiencia, ¿qué
es, pues, lo que se llama degeneración de la caña? En
nuestro concepto la degeneración es la palabra tras de
la que se escudan los ignorantes para ocultar su desco-
nocimiento de la ciencia agronómica atribuyéndole á la
caña lo que no se debe más que á ellos. Jamás se atribuyen estas personas los defectos en el plantío ó en los
rendimientos sino siempre en la "maldita caña que degenera" la que carga toda la responsabilidad. Error
lamentable; se cultiva mal, muy mal y esto sólo está
en la causa de la escasez de producción, de que las ca-

ñas sean raquíticas y enfermizas. Se deja que el terreno se empobrezca paulatinamente por un cultivo sin interrupción y sin abonos, y por consiguiente es natural que la planta sin los alimentos necesarios para nutrirse produzca lo único que puede sin que de su aptitud dependan los resultados, pues de nada no se hace nada. La planta, como nada en la naturaleza no puede crear materia, su único papel es transformarla y si no tiene que tranformar es absurdo atribuirle defectos que no son suyos.

Que se lleven las cañas llamadas degeneradas á un terreno fértil y rico, que se cultiven conforme á todas las reglas de la agronomía y se obtendrá el máximum de rendimiento, habrá desaparecido la "maltita planta que degenera," como hemos oído decir muchas veces, para dar lugar á la más hermosa y productiva de las plantas cultivadas.

ENFERMEDADES DE LA CAÑA.

En la imposibilidad completa de hacer investigaciones y estudios especiales sobre las enfermedades de la caña conocidas en el país, pues tendríamos que gastar un tiempo que en estos momentos no es muy preciso, vamos á hacer un ligero resumen de las dos principales enfermedades que se suelen presentar en esta preciosa gramínea, no en México por fortuna, sino en otras regiones azucareras, tanto para indicar sus causas y medios de combatirlas, cuanto para procurar que nuestros agricultores estén prevenidos contra ellas.

ENFERMEDAD CRIPTOGÁMICA DE LA CAÑA.

Nada nos parece más conveniente que reproducir la descripción que de esta enfermedad ha hecho Mr. Delteil, refiriéndose á estudios hechos en la Isla de Mauricio.

"La enfermedad de la caña procede del exterior al interior y de la circunferencia al centro y presenta los caracteres siguientes:

Las hojas presentan desde el principio de la enfermedad una coloración especial, pierden en color verde y su flexibilidad, palidecen y presentan cierta dureza, terminando por desecarse. El tallo no tarda en atrofiarse; la extremidad se seca y las raíces se pierden. Esta enfermedad aparece en los cañaverales como grandes manchas amarillas que encierran los gérmenes de la destrucción.

Observando en el microscopio las hojas y los tallos enfermos se descubren, sobre todo en la superficie interna de la vaina de las hojas, una ligera tela semejante á la de la araña ó á la espuma blanca, debajo y en las cercanías de la cual la epidermis presenta manchitas amarillentas al principio, después negruzcas y por último rojas. Esta especie de espuma no parece ser otra cosa que la criptógama que constituye la enfermedad, á menos que no sea la consecuencia. Se ha observado que á medida que este hongo se desarrolla y que sus filamentos aumentan en extensión las manchas son más pronunciadas, la enfermedad progresa y llega hasta las extremidades de los entrenudos y á las raíces.

Llevando más lejos este estudio, se encuentran corpúsculos redondos y aislados y otros componentes de los filamentos formados por espórulos unidos por sus extremidades. Estos espórulos son muy pequeños y se propagan por medio de los vientos que los conducen á las plantas que les prestan un medio favorable á su desarrollo."

Esta declaración final del autor nos da la razón de la enfermedad y el medio de combatirla eficazmente. En efecto, en todos los lugares en que se ha presentado la enfermedad se ha observado que por razón del cultivo defectuoso y de la pobreza del terreno las cañas crecen raquíticas y enfermizas, y por consiguiente no debe extrañar que en ellas hagan presa las enfermedades criptogámicas; este hecho no sólo se presenta en la caña de azúcar, sino también, como ya dijimos, se ha observado en infinidad de plantas cultivadas, tales como la remolacha, la vid y la patata. Las enfermedades más comunes de estas plantas sólo se producen cuando la tierra ha llegado á un agotamiento notable, principalmente de principios minerales, y se ha llegado á demostrar, sembrando las mismas plantas en terrenos preparados y sometiéndolas á los cuidados de un cultivo atento, que el empobrecimiento de la tierra es la causa del mal.

Para comprobar nuestra tesis reproducimos las siguientes consideraciones, emitidas en 1878 por la Comisión nombrada en Puerto Rico para estudiar la enfermedad de la caña, de que nos venimos ocupando.

Las cañas enfermas, que provienen de terrenos enfermos, plantadas en terrenos sanos, han producido cañas sanas y las cañas sanas, extraídas de las mejores

plantaciones, trasplantadas á campos enfermos, han
dado cañas enfermas.

Creemos que lo dicho será suficiente para conocer el
origen del mal y ponerle un pronto remedio. Consis-
tiendo el primero en el agotamiento del terreno por las
cosechas sucesivas, sin el contingente de los abonos y
mejoradores, el mejor remedio para extirpar el mal de
raíz, es suministrarle abundantes abonos para que la
planta pierda por un desarrollo vigoroso el estado de
receptividad de los gérmenes morbosos.

EL SEREH.

Esta enfermedad es una de la que más desastres han
causado en el cultivo de la caña en Java y principalmente en Cheribón, en donde, según un autor, hace algunos años apenas si una planta sobre cien estaba exen-
ta del mal.

El nombre de Sereh le viene por la semejanza que
presentan las cañas enfermas con una planta audropo-
gonea llamada Sereh, en Javanes.

La enfermedad es debida á la presencia de dos parásitos, uno animal y otro vegetal, según el Dr. Treub,
director del Jardín botánico de Buitenzorg. El parásito vegetal es un hongo que pertenece al género Ry-
thiuno de la familia de las merenospóreas; se encuentra en las radículas de las plantas enfermas.

El parásito animal es de la especie Heterodera y re-
cibió del Dr. Freub el nombre de Heterodera favanica.
Jamás es visible la hembra de la Heterodera, pues
siempre se encuentra en el interior de las raíces.

Los huevos y la hembra tienen las siguientes dimen-siones:

Huevos, longitud media 12½ micromilímetros.

Huevos, anchura media 4½ micromilímetros.

Hembra, longitud aproximada 85½ micromilímetros.

Hembra, anchura aproximada 45½ micromilímetros.

La influencia del parasitismo del nemátodo javanés no se manifiesta por hipertrofias porque penetre en la corteza de las raíces, sino por grietas y lesiones accidentales y tal vez por los puntos vegetativos intactos.

Cuando el nemátodo ha penetrado en la corteza, se dirige según una dirección paralela al eje del cilindro central, hasta que habiendo llegado al lugar en que una raíz lateral comienza á nacer, detiene su emigración é introduce su cabeza armada de un estilete, entre las celdillas de la tierna raíz.

Colocada de tal manera la hembra, no se mueve, y no tarda en esponjarse tomando la forma de un limón, que es característica en la especie.

Generalmente la presencia del nemátodo no causa ninguna hipertrofia, y sólo cuando la raíz es muy delgada se produce un ligero ensanche. En semejante nudosidad el asiento protector es enteramente dislocado hasta hacer inconocibles las celdillas, y por consiguiente hay libre acceso á las partes periféricas del cilindro central. Se encuentran generalmente muchos nemátodos á la vez en una misma nudosidad.

Haya ó no haya hipertrofia, siempre algunas celdillas de las más cercanas á la cabeza del parásito toman desmesuradas dimensiones. Las grandes celdillas presentan la particularidad de encerrar un gran número de núcleos.

Según el Dr. Soltivedel la enfermedad se reconoce
en el crecimiento tardío de la caña y en la forma de
abanico ó de chorro de agua de una fuente que toman
las hojas, las cuales se ponen amarillas, blandas, delgadas, se marchitan y mueren; al mismo tiempo y
mientras se forman raíces aéreas en la cepa nace un
gran número de retoños raquíticos. Las paredes de las
celdillas son desorganizadas y se encuentran granos de
fécula en el parenquima que rodea á los vasos.

El diagnóstico de las cañas enfermas de sereh se determina, según Raol, por los caracteres siguientes: las
cañas cortadas dejan escapar un gas de olor amoniacal
y presentan venas rojas.

Según el Dr. H. J. E. Reclen la enfermedad debe
atribuirse á los abonos orgánicos, y recomienda remo-
jar las estacas antes de la plantación y durante algunos minutos en una solución de sublimado corrosivo
(bicloruro de mercurio) al 1 por mil y lavar en seguida con agua pura.

Los Sres. Marcks y Kuneman prescriben el empleo
de la creolina, y M. Stoop el petróleo bruto. En el Na-
tal hay una hormiga blanca que es un enemigo terrible del sereh.

Siempre debe quemarse por completo toda caña enferma para evitar que se propague el mal. También
debe hacerse una juiciosa selección de las cañas destinadas para semilla, desechando las enfermas y aun
aquellas sobre las que se tenga duda.

Según ha llegado á nuestro conocimiento el sereh se
ha presentado últimamente en los cañaverales de la
Louisiana, y aunque no hemos tenido oportunidad de

informarnos sobre la exactitud del hecho, nuestros cultivadores deben estar siempre en guardia, pues dadas
las malas condiciones del cultivo de la caña en el país
una invasión de esta enfermedad sería de terribles consecuencias, por la facilidad con que se propaga y por lo
difícil y costosa de su exterminación.

Animales que atacan á la caña.—Entre la gran ma-
yoría de animales que destruyen las cañas, causando
pérdidas más ó menos grandes sólo nos ocuparemos de
aquellas que necesitan medios especiales de destrucción por su número crecido y su voracidad.

Los grandes y medianos cuadrúpedos pueden ser
destruídos por medio de trampas, lazos, pastas venenosas y sobre todo con una buena vigilancia. Sólo citaremos entre estos animales los siguientes:

Coyote (Canis latrans).

Zorra (Bulpes virginianus).

Zorrillo (Mephitis mephitica).

Tejón (Nasua nasica–Taxida americana).

Javalí (Dicoteles tallasu).

Venado (Canacus virginianus).

Ardilla (Sciurus variegatus).

Tusa (Spermophiles mexicano y Geonis mexicanus).

Ratas (Mus ratus y M. decomanus).

Conejo (Lepus coniculos y L. mexicanus).

Tlacuache (Didelfis californica).

Entre todos estos animales el más terrible es la rata, por sus incalculables destrozos y por su fácil reproducción.

Es tan voraz este animal, que en 1870 destruyeron
en Jamaica cañas por valor de medio millón de pesos.

En nuestro país abundan mucho en los cañaverales aunque hasta ahora no hemos tenido noticia de que hayan causando destrozos tan considerables como en Jamaica; sin embargo, debe procurarse su exterminio.

La más terrible de las ratas es Mus Sacchärivo rus (Charley Price), pues ataca á las cañas desde que tienen tres nudos, y cuando la caña maltratada cae no atacan los entrenudos cercanos al suelo, sino que roen los de su parte media inutilizándola por completo, pues la caña no tarda en fermentar.

La destrucción de estos animales por medio de trampas y venenos no es posible en cañaverales de gran extensión, así como el empleo de los gatos, que en muchos casos suelen ser atacados por las ratas. Los mejores auxiliares que pueden emplearse son la rata de Taraón (Mangoous de los ingleses) y el Majá de la Isla de Cuba (Espiciates Agrijer).

Estos animales destruyen sin cesar gran número de ratas y ratones, siendo completamente inofensivos para los otros animales y las plantas. El único inconveniente que se le encuentra es que también destruyen algunas aves de corral, pero esto se evita por medio de un buen gallinero, pues sólo en las noches hace sus escursiones.

Hoy en día el Ychneumón ó rata de Faraon está dando excelentes resultados en algunas colonias inglesas, en donde ha sido introducida, y fácilmente podrán traerse algunos ejemplares de Jamaica ó de Barbadas. Se reproducen rápidamente.

El Majá es un pequeño boa, encarnizado enemigo de las ratas, destruyendo diariamente cantidades enormes. También destruye algunas aves de corral, pero esto se puede evitar poniendo en el corral de las gallinas un perro, del que huyen con horror.

En Cuba abunda mucho el majá, sin duda por el aprecio en que lo tienen sus habitantes por sus estimables servicios en el campo y en las habitaciones.

También pueden ser destruídas las ratas por el sulfuro de carbono, pues sucumben rápidamente en una atmósfera cargada de estos vapores, pero su empleo no se ha generalizado mucho, debido á su precio elevado y á la necesidad que hay de tapar perfectamente todos los agujeros y salidas de la cueva en que se ha inyectado.

Cangrejos de tierra.—Un gran número de estos animales, principalmente en las costas, practican galerías en los terrenos húmedos, y al hacerlo destruyen las raíces de la caña. Esto trae por resultado inevitable que la planta muera, ó si el daño no es muy grande, que se desarrolle mal.

El mejor medio, si no de destruirlos, por lo menos de ahuyentarlos, consiste en dar labores repetidas.

Algunos autores aconsejan el empleo de pastas venenosas con base de fósforo, pero esto sólo puede hacerse en aquellos lugares en que hay pocos, pues creemos que cuando abundan mucho será muy costoso el procedimiento.

Hemos visto en un ingenio de las costas del Golfo tal número de cangrejos que cubrían una extensión de dos ó tres millas de costa por cincuenta ó sesenta metros de anchura. El ruido de estos animales al comer y caminar se oía hasta dos ó tres millas de distancia.

Hormigas.—Las hormigas, que jamás dejan de existir en los cañaverales, causan en general más molestias que destrozos, y el mejor medio de exterminarlas
es el empleo del sulfuro de carbono y del petróleo. El
agua hirviendo también es buena, pero sólo cuando los
nidos son superficiales; cuando va asociada á la potasa
el resultado es mucho mejor.

Acarinos. Histrotoma rostroserratus.—Acarus blanco, opaco, de la familia de los sarcóptidos.

Según Mr. Bowel, estos animales son tan abundantes y nocivos en Barbadas, que las cañas sólo han producido una tonelada de azúcar en vez de tres.

Tarronymus Bancrofti.—Redrust de Queensland-
acarino, á menudo transparente y tan pequeño que se
necesita una poderosa lente para distinguirlo.

Vive principalmente en la axila de las hojas.

Se cree que el debilitamiento producido por este acarino es la causa determinante de la Depazea Sacchari,
Berk, espumas negruzcas de un hongo que se encuentra en las manchas rojas de las cañas atacadas del Red
rust.

Diatrea–Sachari, Augl. Yellow-blast.—Larvas de
un acarus cuyos destrozos han sido terribles en las Islas Antillas.

Calandra Sacchari, Guelo.—La larva de este insecto existe también en las Antillas y causa destrozos de
consideración.

Tortrix Saccharipaga, Retib.—Barreno. Lepidópte-
ro nocturno de color gris ceniciento.

Insecto perfecto.—Al estado perfecto el barreno es
una mariposita de color gris ecuicicuto; su abdomen,

que no pasa de la longitud de las alas en el reposo, está terminado por un mechón de pelos.

La hembra es más pequeña que el macho, y sus alas son más largas y en el abdomen no tiene pelos. La hembra no puede volar, sólo salta. Ambos son esencialmente nocturnos.

La hembra deposita sus huevos en la base de las cañas más tiernas envueltas aún por las hojas.

Larva.—Las larvas que nacen de estos huevos practican desde luego una cavidad en el plano horizontal del tallo; más tarde, hace una perforación en el canal medular, caminando siempre de abajo para arriba.

La larva del Borero causa sus mayores destrozos cuando llega á su completo desarrollo, en esta época tiene una longitud de 0^m025.

Es de forma cilíndrica y alargada, tiene 16 patas, cabeza negra y grande, formada de dos láminas escamosas en las partes laterales, en las cuales están los ojos.

La boca se compone de dos grandes mandíbulas córneas y cortantes, dos maxilares laterales y un labio inferior delgado. Su color es blanco pálido con algunas manchas negras sobre los segmentos y tres rayas longitudinales de color rosado, que se destacan sobre el vaso dorsal de cada lado.

Crisálida.—La larva sufre varias mudas antes de transformarse en crisálida. El Borero vive 16 días en este estado, la crisálida es blanda, cobriza, con reflejos metálicos y con los anillos bien marcados hacia arriba y las alas hacia abajo.

Se le encuentra en la axila de las hojas secas ó en el fondo de las perforaciones de la caña.

Apenas ha salido la larva de su huevo, comienza á roer el tallo de las cañas, y su presencia es indicada por diversas manchas, escaras, etc., del tejido vegetal.

Cuando el Borero ataca las cañas ya crecidas, ésta puede resistir ya el ataque, aunque la parte perforada es siempre el origen de una fermentación, que pone á la caña en un estado quebradizo, que hace que se quiebre al menor soplo de los vientos; no así cuando ataca á una caña tierna, pues entonces el mal nó tiene remedio y el dostrozo es completo.

Los medios para destruir el Boreo consisten en quemar las hojas y hierbas secas en donde las crisálidas y las mariposas se refugian durante el día; después se tienen los cañaverales muy limpios y se hace que una cuadrilla de muchachos penetre al terreno y raje, por medio de cuchillos, todos los tallos tiernos atacados por el Barreno, y extraigan las larvas que deben guardar en un recipiente cualquiera, una botella por ejemplo, con objeto de pagarles por las que presenten.

También se emplean barriles llenos de agua junto á los cuales se cuelga un farol para quemar y ahogar las mariposas durante la noche.

Cocus Sachari. Piojo de bolsa blanca.—Pertenece al género Cocus de Linneo, orden de los hemípteros, tribu de los homópteros.

Macho.—El macho y la hembra difieren notablemente, pues sólo el primero es alado, es más pequeño y más raro, pues sólo se encuentra un macho por cada 200 ó 300 hembras. Es un insecto muy vivo, de alas

grandes y manchadas de negro y blanco; se cruzan sobre el cuerpo. Vuela sobre las hembras y se pasea sobre
su dorso para fecundarlas. Después de la fecundación
se retira á alguna caña y no tarda en morir.

Hembra.—La hembra tiene el cuerpo aplanado, blan-
do, convexo hacia arriba, globuloso. Está cubierta por
un polvo blanquecino y rodeada de pelos ó filamentos
ligeros, que á medida que el insecto envejece se van
endureciendo hasta formar una concha.

Tiene tres pares de patas muy pequeñas con tres ra-
tejos.

Los huevos ascienden á 500 ó 600 y están fijos bajo
el vientre en forma de rosario y rodeados de una bolsa blanca formada por el abdomen.

Larvas.—Adheridas á la epidermis de las hojas están las larvas con la trompa implantada en el parenquima y chupan con ella el jugo de la planta, que debido
á esto se ponen amarillas, se desecan y mueren.

Por último, hay otros insectos que atacan á la caña
de azúcar, pero siendo mucho menos perjudiciales que
los ya citados, nos limitaremos solamente á enume-
rarlos.

El Gru-grú, de Barbadas (Calandra palmanim) y
el Rodador, de las Antillas, son los más notables. Estos insectos al estado de larvas atacan á las cañas, pero como acabamos de decir, son de poca consideración
los males que causan.

LUIS FERNÁNDEZ DEL CAMPO.

ÍNDICE.

—

CAPITULO XV.